丝 绸 之 路 与 敦 煌 文 化 丛 书

莫高窟史话

敦煌研究院 编　樊锦诗 主编

江苏凤凰美术出版社

丝绸之路与敦煌文化丛书

敦煌研究院　编

主　编　樊锦诗

副主编　赵声良

丛书总序

樊锦诗

  丝绸之路，是中古时期一条曾经对中外经济文化交流起过重大作用的国际通道。从中国中心部的都市长安向西，经过无数的山川与城市，穿越沙漠、戈壁与绿洲，一直通向地中海的东岸，丝绸之路沿线各地区各民族的文化，就因丝绸之路的发达而得到促进。其中，位于我国甘肃省河西走廊西端的敦煌，无疑是丝绸之路上最受关注的一颗明星。自汉代设郡以来，敦煌成为中西交通的"咽喉之地"，由敦煌向东，经河西走廊，可达汉唐古都长安、洛阳；向西通过西域（现我国新疆地区），可进入中亚、西亚、南亚，乃至欧洲的罗马；向北翻过马崇山，可到北方草原丝绸之路；向南越过阿尔金山，可接唐蕃古道。敦煌在丝绸之路上的特殊地位，使它在欧亚文明互动、中原民族和少数民族文化交融的历史进程中占有重要的地位。公元4世纪至14世纪，古敦煌地区受到佛教的影响，古代艺术家们在此建造了敦煌莫高窟、西千佛洞、安西榆林窟等一批佛教石窟，我们统称为敦煌石窟。通过敦煌石窟和敦煌藏经洞的出土文物，我们了解到欧亚文明互动、中原民族和少数民族文化交融的历史，特别是在中古时期，中国、印度、希腊、伊斯兰文化在此汇流，羌戎、乌孙、月氏、匈奴、鲜卑、吐谷浑、吐蕃、回鹘、粟特、于阗、党项羌、蒙古、汉等民族的历史文化状况；中原的儒教和道教、

印度的佛教、波斯的摩尼教、粟特人的祆教（拜火教）以及西方早期基督教中的景教等宗教在丝绸之路沿线的发展状况；4世纪至14世纪1000多年间佛教艺术的流传及演变等丰富的历史。

敦煌文化的兴衰，又与丝绸之路的繁荣与衰落息息相关。自汉代以来，丝绸之路的开辟以及长期的繁荣，给中西文化的传播与交流提供了巨大的空间，位于丝绸之路要道的敦煌便在东方与西方的文明的交流与融合中，发展了自身独特的文化艺术，保存至今的敦煌石窟艺术以及藏经洞的卷帙浩繁的大量文献，就蕴藏着古代宗教、文学、历史、音乐、美术等无限丰富的遗产，成为今天学者、艺术家、旅游者瞩目的对象。

古代敦煌文化之所以得以繁荣，正是由于汲取了丝绸之路上中西文化的丰富营养。今天，我们又处于一个中外文化交流的大好时机，更应该以开阔的胸襟，放眼世界，从更广更深的角度来看待丝绸之路与敦煌的文化艺术。"丝绸之路与敦煌文化丛书"就是希望以更新的视角、更新的方法来探讨丝绸之路与敦煌学的相关问题。另一方面，我们今天的学术研究，不能再局限于书斋之中，更应该考虑到对社会的责任，要尽可能地把学术研究的成果转化成普通读者的精神食粮，为当今的精神文明建设服务。要让更多的非专业人士也对敦煌、丝绸之路这样的古代文明感兴趣，并从中得到收获。这也是我们今天学术研究者的责任。

莫 高 窟 史 话

主 编

樊锦诗

副主编

赵声良

撰 稿（按姓氏笔画为序）

齐双吉　张艳梅　陈菊霞　邰惠莉

赵声良　赵晓星　梁 红　程 亮

目　录

一、张骞出使西域

◎ 张艳梅

从汉朝开通了丝绸之路以来，近 2000 年时间里，丝绸之路就成了中国与西方各国交流的通道，由于中国的丝绸源源不断地通过这条交通要道输送到西方，西方的历史学家把这条连接东西交通的路称为"丝绸之路"（图 1-1）。要讲丝绸之路的开通，就不能不讲到张骞，张骞作为汉武帝的使臣，受命往西域联络当时的月氏和乌孙国夹击匈奴，这个政治使命并没有完成，却因此意外地带来了有关西域诸国的各种情报，汉朝进一步跟这些国家联络，使中国与西域各国展开了广泛的外交活动，从而打开了人类文明史上新的一页。

从秦朝末期到楚汉相争的年代，汉民族忙于各种征战，而北方的匈奴却逐步强大起来。月氏本来是生活在祁连山以北直到天山一带的比较强大的民

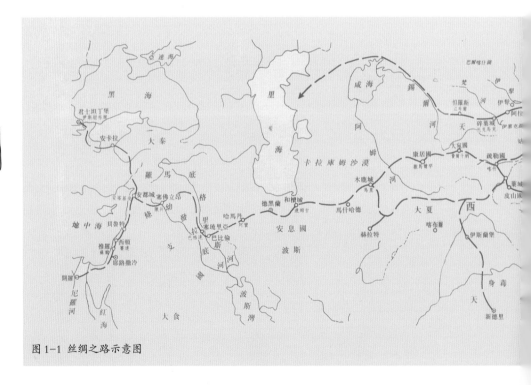

图 1-1 丝绸之路示意图

图1-2 敦煌汉长城遗址

族，但在与匈奴的战争中，月氏被打败了，匈奴人把月氏王杀了，并把他的头骨用来作饮酒之器。月氏人便不断西迁，最后到了阿姆河流域。于是匈奴控制了北部的广大地区，扼住了汉朝通往西域的道路，并不断进犯西汉边境（图1-2）。

西汉初年，由于经历了长期的战争，中原经济尚未恢复，对匈奴的一再挑衅和侵扰无力抗击。匈奴一度逼近了太原一带。高祖刘邦曾率大军与匈奴决战，攻到平城（今山西省大同市），却反被匈奴围困，险些不能逃脱。此后，汉朝不得不用和亲之策求得安宁，每年还要向匈奴奉送大量的丝帛、粮食等物。但匈奴自恃精兵强将，每年秋收时节，肆意掠夺汉地边民的粮食和财富。到了汉武帝时期，汉朝已经过了六七十年的发展，"天下殷富，财力有

图1-3 敦煌晋墓画像砖 李广

余，士马强盛"。汉武帝决定要反击匈奴，先后派大将军卫青、霍去病等与匈奴交战，但匈奴兵强马壮、行军速度极快，往往是汉军得到匈奴进犯的消息，立即派兵前往，当汉兵到达时，匈奴已经掠夺而归。汉朝与匈奴正面交战的时候，也是胜负参半，武帝为此十分苦恼。这时，汉武帝从匈奴俘虏那里得知月氏人被匈奴打败的事情，于是决定派使者出使西域，联合被匈奴人赶出河西的大月氏和乌孙夹击匈奴（图1-3）。

　　建元二年（前139年），张骞受命出使西域。当时河西一带被匈奴人占领，张骞的使团一进入河西就遭匈奴人的俘获。此后，张骞一行被困在匈奴10多年，匈奴人为使张骞投靠他们，还特意选派一名匈奴美女给他作妻，后来还生下了孩子。但是，张骞始终没有忘记自己的使命。经过11年漫长而艰苦的岁月，匈奴人对张骞的看管较松懈了，张骞便趁机带着随从冒险逃出，向着月氏的方向而去。经过了10多天的行走，他们来到了大宛。大宛国早就听说汉朝很富裕，见到张骞很高兴，想跟汉朝通使节。张骞便说了自己的使命，希望大宛帮助他到大月氏。于是，大宛派了向导领着张骞一行到达了大月氏。这时的大月氏人生活在妫水（今阿姆河）一带，那里水草丰茂、生活安宁，他们不再想与匈奴人打仗了。而且，在他们看来，汉朝太遥远了。张骞在大月氏停留了1年左右，还到了大夏，因见联合之事无望，便打算经羌国回汉朝。可是，他们再次被匈奴人抓获。这次，他又被困于匈奴1年多时间。不久，匈奴的单于死了，左谷蠡王攻击太子，自立为王，匈奴出现了

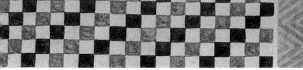

大的内乱，张骞趁此机会带着他的胡妻和随从人员堂邑父出逃。元朔三年（前126年），张骞历尽艰辛，回到了长安。张骞的使团本来有100多人，经过艰难的十几年后，回到长安只剩下两人了（图1-4）。

汉武帝封张骞为太中大夫。此次出使虽未达到原来的目的，但张骞对西域各国的地理、物产和各民族风俗习惯有了较详细的了解，引起了武帝的强烈兴趣，不时地询问张骞关于西域之事。而此时，汉朝与匈奴的战争仍在继续，张骞因为了解匈奴的情况，也常常随军打仗，他能在沙漠中找到有水草之处，使汉军不至于受困。但有一次出征时，他的部队没有按时到达，使汉兵失利，按军法当斩，后来贬为庶人。这时，汉朝在与匈奴的战争中渐渐占了上风，汉朝军队不断地向北向西扩展，匈奴开始节节败退。雄心勃勃的汉武帝又向张骞询问西域大夏等国事。张骞向武帝讲了西域的形势，建议继续与西域的月氏、乌孙等国交好以断绝匈奴的退路。于是，汉武帝拜张骞为中郎将，率300人以及布帛金银等物，浩浩荡荡地开始了第二次出使西域的旅程。第二次出使西域，

图1-4 莫高窟第323窟 张骞出使西域图 初唐

汉朝已经控制了河西一带，张骞一行很顺利，很快就到了乌孙国，与乌孙国王商量联合汉朝抗击匈奴之事，但乌孙一直是臣属于匈奴的，他们内部也有很多矛盾，一时定不下来，张骞又派他的副使到大宛、康居、大夏、安息、身毒等国，乌孙国派使者送张骞回国。

这次张骞出使依然没有达到军事上的目的，但西域诸国相继都派了使节来与汉朝交往，远远超过了军事上的意义。张骞在第二次回国后1年多就去世了，他的副使陆陆续续回国，大多带来了外国的使节。汉朝与西域各国建立了密切的外交关系，汉朝在西域的声誉因而越来越高，西域各国都很愿意和汉朝交往。汉朝的国际交流最远达到了安息与身毒。安息国在当时是波斯帕提亚王国，统辖范围大致在今天的伊朗西部。身毒就是印度，不过那时的身毒范围还包括现在的巴基斯坦一部分。

自从张骞通西域以后，从中国到西域各国来来往往的使者、商队，络绎不绝。西汉的手工业品如纺织品、麻织品、漆器、铁器等以及农业、手工业技术源源不断地传往中亚甚至欧洲；西域的农产品及土特产如葡萄、苜蓿、石榴、核桃、芝麻、菠菜、大蒜、胡萝卜以及玻璃、琉璃、西海布（呢绒）等手工业产品也传入了中原地区。此外，在文化艺术如音乐、舞蹈等方面也展开了广泛的交流。敦煌作为东西方物质文化交流通道——丝绸之路南北两道的交汇点，随着中原与西域经济文化往来的不断增加，也进入了一个繁荣期（图1-5）。

图1-5 莫高窟第296窟 丝绸之路商旅

图1-6 阳关遗址

在张骞出使西域的时候,汉朝在西域与匈奴进行了无数次的战争,其中有两次大规模的战争具有重要意义。公元前127年,汉武帝派卫青率3万骑兵击败匈奴,收复了河南地区(今内蒙古鄂尔多斯),设置朔方郡、五原郡;公元前121年,又派骠骑将军霍去病率1万骑兵,由陇西出发,过焉支山(今甘肃省山丹县东南),斩匈奴折兰王和卢侯王,同年夏再次发兵,收复了河西,并建立了武威、酒泉二郡。匈奴受重创,统治集团内部分化,浑邪王杀休屠王降汉。公元前119年,汉武帝再一次派大军进击匈奴,匈奴元气大伤,远遁至漠北,对汉边地和丝路交通的威胁完全解除。公元前111年,汉王朝从武威、酒泉二郡中分置张掖和敦煌二郡,历史上称为"河西四郡";又在敦煌西北面设置玉门关、西南面设置阳关,控扼两道出入,屏障行旅安全。敦煌地理重要,加之汉王朝重视开发,使其从一个"地广人稀"的边远地区,一跃而成为政治、军事重镇。西汉政府在河西采取屯田戍守政策,还专门设"河渠卒"负责灌溉工作。这些加速了敦煌地区经济的发展,所产粮食除自足外,还有剩余。到西汉末年,敦煌郡已发展成辖六县(敦煌、冥安、效谷、渊泉、广至、龙勒),据两关(玉门关、阳关),拥有近4万人口的要郡了(图1-6、图1-7)。

河西四郡建立之后,汉朝与匈奴的战争已移至西北地区,主要为争夺西域诸国，控制丝绸之路主权的战争、西域36国以前都被强大的匈奴所控制，又远离汉朝，当汉朝军队到来之时，他们就投降汉朝，汉军撤走后，匈奴复来，又往往投降匈奴。汉朝建立了西域都护府，设戊己校尉，驻扎在车师（今吐鲁番市），控制西域，特别是在丝绸之路的沿线重要城市设兵、屯田，这样就保证了来往使节和商旅不受危害。而西域都护也常常受到匈奴的攻击，河西地区就成了西域都护的大后方，特别是敦煌，位于河西的最西端，一旦西域有事，敦煌便承担起支援的重任。西汉末至东汉初，北匈奴乘中原大乱之际又控制了西域，到了汉明帝永平十六年（73年），又展开了与匈奴的战争，设宜禾都尉（驻扎在敦煌）控制西域。第二年又恢复了西汉以来所设的西域都护和戊己校尉（驻扎在车师）。但是很快遭到匈奴与车师的攻击，虽然酒泉太守段彭率兵与车师大战，打败了车师，但毕竟路途遥远，难以控制，所以汉朝又不得不撤销了都护。匈奴又控制了伊吾一带。直到汉和帝永元元年（89年），汉派大将军窦宪出征西域，给匈奴以决定性的打击；次年，窦宪派副校尉阎磐攻下了伊吾；公元91年，一个强有力的人物班超任西域都护，他驻节于龟兹，并派戊己校尉驻守车师，几年后，班超击败了焉耆，西域50多个国家都派使者与汉

图 1-7 玉门关遗址

朝建立外交关系。班超还派他的副使向西访问各国，最远到达了地中海。东汉时期对西域的经营也常常是在与匈奴的征战中发展的，作为前沿阵地的敦煌担当着防御与攻击外敌的军事重任。公元107年，汉安帝被迫罢西域都护，从公元120年起，代替西域都护主管西域事务的西域副校尉便长驻敦煌。此后，西抚诸国、总护南北丝路的职责常常由西域副校尉和敦煌太守共同完成。敦煌在军事上的重要性便更加突出了。

西汉末东汉初中原大乱，而河西一带则较为安全。于是，内地流亡人士纷纷来此避难。豪族窦融看中"河西殷富"的有利条件，从长安迁至河西，后来被推为五郡大将军。汉光武帝即位后，他奉表归顺东汉，使得河西在两汉之交的战乱中始终保持安定的局面。东汉末，中央集权统治衰微，地方豪强势力迅速扩大。建安初，在中原群雄逐鹿、互相吞并的形势下，河西一带也形成军阀割据势力，统治者无力顾及西北，致使敦煌20年没有太守，处于无政府状态。地方豪强势力以其私人武装，勒索、抢劫来往商旅的财物，使丝绸之路的交通受到严重威胁。

三国时期，曹魏政权派仓慈任太守。仓慈于任上采取了果断的措施，严厉打击豪强势力，鼓励并保护国外商人来敦煌贸易。这不仅给丝路带来了新繁荣，同时也为敦煌自身的发展创造了良好的条件。仓慈的开明政策深得民心，他也得到了敦煌人民及西域各族人民深深的爱戴。在敦煌的历史上，仓慈可算是第一位杰出的政治家了。仓慈的继任者皇甫隆也是一位实干家，他引进、推广内地较为先进的耕作技术，并改良农具，大大促进了生产力的发展。这一时期，敦煌的经济空前繁荣。

汉朝以来对河西的开发，不仅给敦煌带来了经济上的繁荣，而且把深厚强大的中原文化传播到了河西地区。以儒家为主的文化典籍也在敦煌广为流传，使当时敦煌人才辈出，文化发展居河西之首。

东汉名将张奂是敦煌渊泉人，以拒绝董卓的招聘而隐居敦煌。期间，招徒讲学，师从于他的人达1000多。他不但为学生讲授经典，而且还著有30万言的《尚书记难》。此外，累避不就的"硕德名儒"，如宋纤、索袭、敦禹等，也在敦煌讲学，授徒数百至千人。

张奂之子张芝是著名的书法家，擅长草书，被誉为"草圣"。张芝幼时学书，极为刻苦，那时，纸张昂贵，他把家中用来做衣服的布帛，先拿来写字，写后再洗掉，然后染色做衣服。他每天埋头练字，然后在池塘边洗涮笔砚，天长日久，连池水都变成了黑色。这种勤奋的精神至今仍被人们传为佳话，并把练习书法称作"临池"。在宋朝的《淳化阁帖》中还保存着张芝的草书作品《八月帖》等（图1-8）。其书法于精密拙厚之中又有几分随意潇洒的风姿，为后代王羲之等书法家开创书风起了先导作用。张芝还著有《笔心论》，今已佚。

东汉末年，敦煌还出了一个博士（汉代的博士是一种官衔，他们的职责是作教授或朝廷的参谋），叫侯谨，他幼年成孤儿，家中极贫寒，但极好学。白天给人家干活，晚上燃松明读书，终于自学成才。他不愿到州郡做官，隐居山里，专心著述，后来完成《汉皇德传》一书，写汉光武帝到汉冲帝时期的历史，共30篇，当时人们尊称他为"侯君"。

这一时期在敦煌还出了一位农学家，这就是有名的氾胜之。氾胜之又名氾胜，西汉武帝时曾任议郎，他奉命领导长安一带的农民试种小麦获得成功，后推广到关中地区，也连年获得丰收。后来他做了御史，又写成《农书》18篇，专门探讨耕田法、播种法、种麦法等。

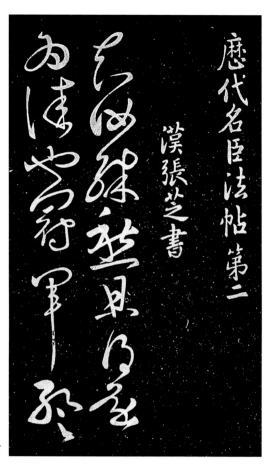

图1-8 张芝书法

二、西凉国的兴衰

◎ 程 亮

自张骞凿通西域以来的200多年间，统治者十分重视对丝绸之路沿线的开发，作为丝绸之路咽喉之地的敦煌也随之得到了极大的发展，中原先进的生产技术和汉文化源源不断地传入敦煌。公元4世纪初，西晋王朝覆灭，"五马渡江"南迁，在建康（今南京）建立了东晋政权，统治长江以南地区。广大北方地区则出现了"五胡十六国"混战、割据局面，所谓"五胡"是指两汉以来逐渐内迁中原的匈奴、鲜卑、羯、氐、羌5个北方民族，而"十六国"则是指这一时期由这5个内迁的北方民族和汉族先后建立的16个大大小小的政权。

十六国时期，在河西地区先后出现了前凉、后凉、南凉、西凉、北凉等政权，这些政权虽有更迭和战乱，但相对中原地区还算比较安定，许多原居中原的世家大族，为了躲避战乱，寻求安宁，西迁陇右、河西。其中曾建都于敦煌的西凉政权，使敦煌的社会经济得到了极大的发展，社会文化得到了高度的繁荣。

图2-1 晋写本《三国志·步骘传》（敦煌研究院 藏）

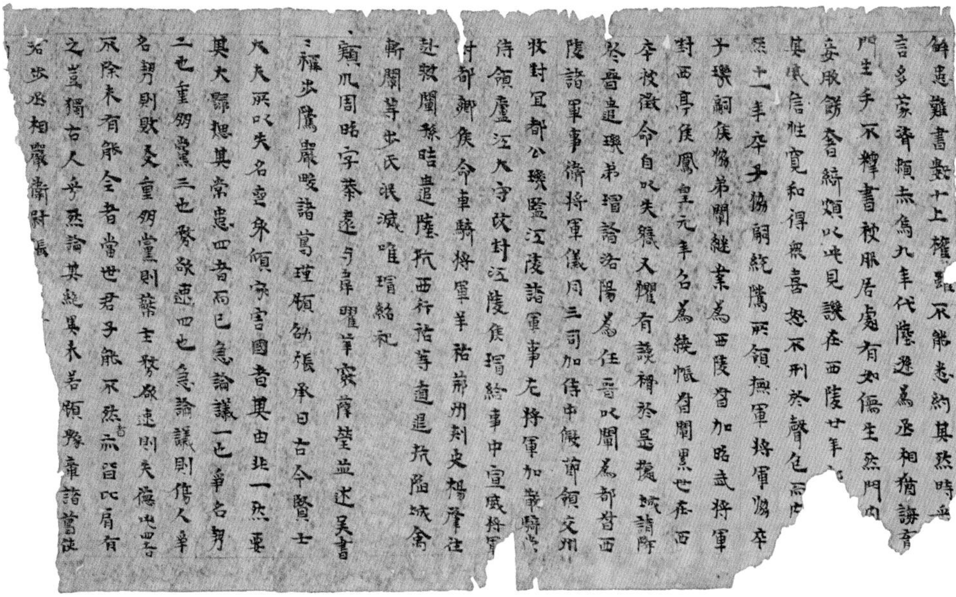

李暠与西凉国

西凉国的建立者是陇西人李暠，他是西汉名将李广的后代，高祖父和曾祖父在西晋时期都担任了郡守之职。西晋灭亡后，李暠的祖父在前凉张轨政权中任武卫将军、安世亭侯。他的父亲幼年时也很有名气，但英年早逝，去世时，李暠尚未出生。李暠虽幼年丧父，但学习刻苦，勤奋钻研，博览群书，又练习武艺，熟读兵书，后成为一个智勇双全、坚毅果敢的人。李暠所生活的时代正值后凉吕光政权统治末期，政治昏暗。有一天，他与好友郭瑀、宋繇等人聚会，善看天相的太史令郭瑀对宋繇说："你当位极人臣，李暠则有国土之分。现在天下大乱，正是英雄崛起的时候。"（图2-1、图2-2）

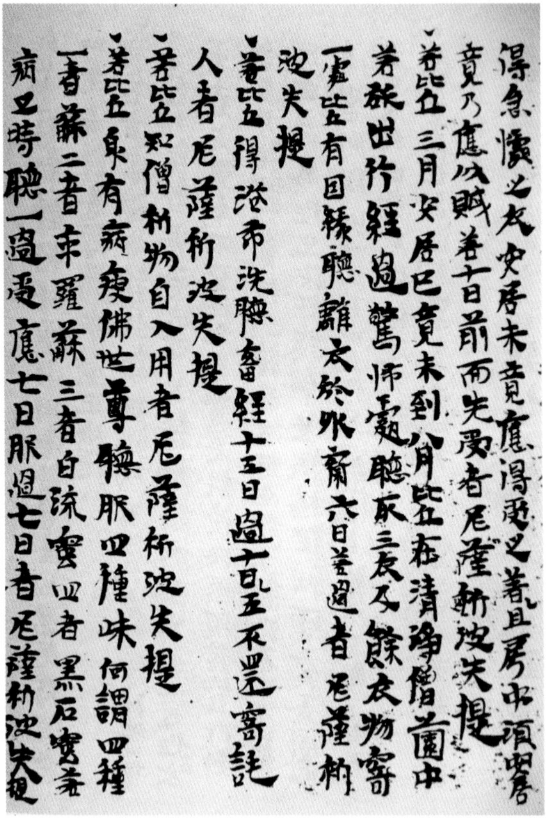

图2-2 西凉写本《十诵比丘诫本》（S.797）

公元397年，段业起兵反抗后凉政权，自称凉州牧，任命孟敏为沙州刺史、李暠为效谷县令。公元400年，孟敏去世，李暠受敦煌人民拥戴，被推举为宁朔将军、敦煌太守。这时段业在张掖自称北凉王，李暠受其节制。北凉右卫将军敦煌人索嗣与李暠原为刎颈之交，李暠出任敦煌太守后，他心生嫉妒，向段业进谗言。于是段业任命索嗣为敦煌太守，并让他率500骑兵赴敦煌上任，取代李暠。索嗣的军队到达离敦煌城10公里的地方安营扎寨，让李暠出城迎接。李暠听到这一消息后，正要出城相迎，被敦煌效谷县县令张邈、宋繇等人所劝阻，他们说："现在吕氏政权衰微，段业暗弱，正是英雄豪杰大展身手的时候。您现在已经受到世人的拥戴，如果投降了索嗣，岂不是让天下人耻笑吗？"并劝李暠出兵攻伐索嗣，割据敦煌。李暠听从了他们的建议，并派遣宋繇前往索嗣营中刺探军情。了解虚实之后，出兵打败了索嗣。索嗣战败后为段业所杀。自此，李暠开始在敦煌大张旗鼓地发展和壮大自己的势力，最初统辖敦煌、凉兴二郡，不久又得到晋昌太守唐瑶的支持，将势力扩展到晋昌、酒泉、建康、祁连等郡，正式建立西凉政权，年号为庚子，定都敦煌，统有河西走廊的西部地区。

李暠在建国以后，采取了一系列稳定生产、生活的措施，积极发展文化教育；在敦煌建立了县、乡、里三级行政管理机构，实行严密的编户制度，鼓励农业生产，使敦煌地区显现出五谷丰收、百姓乐业的繁荣景象。在敦煌城内为他的父亲建立先王庙；修建恭德殿、靖恭堂、嘉纳堂、谦德堂，主持朝政、参阅武事。李暠不仅自己通涉经史，撰写了几十篇文采甚佳的文章，而且还在敦煌设立官学——泮宫，招收500名学生，推动敦煌儒学教育的发展。李暠在敦煌所采取的一系列措施，使敦煌不仅成为当时河西走廊的政治中心，也成为中原文化在河西地区传播的基地（图2-3）。

公元401年，卢水胡人沮渠蒙逊杀害段业，在张掖建立北凉政权（公元412年10月迁都姑臧）。为了消除北凉政权的威逼，公元405年，西凉政权迁都酒泉，还把敦煌地区的居民2万余户迁徙到酒泉，新设立了会稽、广夏、武威、武兴、张掖等郡，逼近北凉的都城张掖，这次迁都起到了拱卫西凉政权的作用，但同时也使敦煌的实力大为削弱。公元417年正月，李暠病逝，他的儿子李歆继任西凉国主。公元420年，北凉在酒泉打败了西凉王李歆，西凉灭亡，李歆

图2-3 敦煌出土西凉
画像砖 宴饮犊车图

图2-4 嘉峪关魏晋墓 砖画 牧畜图

的弟弟李恂据敦煌抵抗。公元421年，沮渠蒙逊亲率2万大军攻打敦煌，久攻不下，后来引党河水灌城，于是敦煌陷落，李恂兵败自杀，北凉军队在敦煌城进行了残酷的大屠杀。从此，敦煌元气大伤。

公元433年，沮渠蒙逊去世，其子沮渠牧犍继任国主。公元439年，北魏太武帝拓跋焘率军队攻占北凉的都城姑臧（今武威），北凉王沮渠牧犍投降北魏，北凉灭亡。但北凉政权的一些王族仍据守河西西部地区进行抵抗，公元441年，据守敦煌的沮渠无讳（北凉王沮渠牧犍的弟弟）派遣他的弟弟沮渠安周率领5000人马攻打鄯善，由于鄯善王比龙奋力抵抗，沮渠安周未能取得胜利。第二年，沮渠无讳见河西大势已去，亲率1万余人户撤离敦煌，西渡流沙，鄯善王比龙闻讯后，弃城西奔且末，于是沮渠无讳占据了鄯善，后又攻占了高昌，公元443年，在高昌建立了号称"大凉"的地方割据政权。沮渠无讳西迁时，带走了大批敦煌户口，而且有许多是北魏从东向西进攻而聚集在敦煌的河西精英，所以这次西迁使敦煌社会文化再一次遭到了极大的破坏。在沮渠无讳撤离敦煌的公元442年，西凉国主李暠的孙子李宝乘机占据了敦煌，并派遣自己的弟弟李怀达持表赴北魏都城平城（今山西大同）归降。北魏封李宝为沙州牧、敦煌公。公元444年，北魏召李宝入平城，并建立了敦煌镇，直接控制了敦煌。北魏的统一结束了"五胡十六国"时期中国北方的分裂、割据局面，敦煌作为经营西域的基地和抗击北方柔然汗国的前沿阵地再一次为中央政权所重视，又迎来了一个发展的春天（图2-4）。

人才辈出的时代

十六国时期，统治敦煌的地方政权虽然多为少数民族所建立，但其统治者都十分崇尚汉文化，非常注重尊重、保护知识分子，为他们学术研究、教授生徒和著书立说提供良好的条件，使得这一时期敦煌以及河西的文化得到了高度的发展。特别是以文治著称的西凉国主李暠，曾在敦煌大兴文教，使敦煌的文化得到了极大的发展。可以说，这一时期，敦煌的汉文化水平，并不亚于中原，甚至东晋南朝，以宋纤、郭瑀、刘昞、阚骃、宋瑶等为代表的一大批学者，他们的某些著作曾被传抄至北魏、北周、南朝，乃至隋、唐，为中国传统文化的发展做出了积极的贡献。

敦煌效谷人宋纤，从小就有远大的志向和高尚的操守，一生勤奋钻研，教书育人，笔耕不辍。他学业有成，但拒绝为官，为了躲避州郡的征召，离开敦煌，隐居在祁连山中从事教学活动，教授的学生达3000多人。前凉政权的沙州刺史杨宣非常敬慕宋纤，曾请人将宋纤之像绘于墙上，以便经常观摩，并为此像题写颂词曰："为枕何石？为漱何流？身不可见，名不可求。"敬慕之情，可见一斑。性情高雅的前凉政权酒泉太守马岌，听说宋纤的声名之后，也十分仰慕，便以隆重的礼仪，前往拜访。宋纤不为所动，闭门不见。马岌见此情景，感慨地说："名可闻而身不可见，德可仰而形不可睹，今而后知先生人中之龙也。"于是写了一首诗铭刻在石壁之上："丹崖百丈，青壁万寻。奇木蓊郁，蔚如邓林。其人如玉，维国之琛。室迩人遐，实劳我心。"前凉国主张祚久闻宋纤的名威和声望，欲聘宋纤为太子友，于是派人将宋纤请至国都姑臧（今武威），命令太子以挚友之礼前往拜见，宋纤情非得已才至姑臧，故以有病不适拒绝见面，拒收太子所赠一切礼品，后张祚任命宋纤为太子太傅，但宋纤的心思只在学术研究，无心从政，推托不从，无奈之下拒绝饮食，不久去世，时年82岁，号玄虚先生。宋纤一生淡泊功名，隐逸山林，注重修身养性，专志钻研经传，潜心教授门徒。终身勤奋，利用教授之余，对《论语》做了注疏，还写了数万字的诗词文章，堪称一代学者之楷模，为河西文化的繁荣做出了贡献。

敦煌人郭瑀，少年时赴张掖求学，师从著名学者郭荷。他天资聪慧，并且虚心勤奋，逐渐从同学中脱颖而出。他不仅精通经义，而且善于言辞，善写文章，多才多艺。郭荷去世后，郭瑀为老师送葬守丧，服孝3年。3年孝满后，郭瑀继承了老师的事业，在临松山薤谷凿石窟而居，一面开馆讲学，一面著书立说，教授弟子1000多人，著有《春秋墨说》《孝经错纬》等。前凉国主张天锡非常爱慕郭瑀的人品学问，委派孟公明携诏书、持旌节，以隆重的礼仪征辟郭瑀出山从政。张天锡在诏书中还以周朝的姜尚，春秋的孔子、墨子来比拟郭瑀，劝说郭瑀以其才智，出山济世。郭瑀看罢张天锡的御书后，指着空中飞翔的鸿雁，对孟公明说："我只是不愿为官，而不是逃避罪责，我怎么能为了隐居弘义，而累及门人呢！"终于答应出来做官。但到前凉国都姑臧后，正逢张天锡的母亲去世。郭瑀参加完葬礼后，又借故回到祁连山中，仍旧过起了清苦的著书讲学生活。公元376年，前秦灭前凉，前秦国主苻坚也派人征召郭瑀，希望为前秦政权制定礼仪制度。郭瑀迟疑不决，恰逢他的父亲去世，所以他没有前往长安，而是返回故乡敦煌为父亲操办丧事。敦煌太守辛章得知他回到了家乡，就劝他为家乡教书育人，于是郭瑀在敦煌招收了300学生，教授儒学。前秦末年，略阳（今甘肃秦安）人王穆在酒泉起兵，试图推翻前秦在河西的统治。王穆派人联络郭瑀等人共同起义，郭瑀与敦煌人索嘏组织了5000人马，筹集了3万石粮食，响应王穆起义。王穆封郭瑀为太府左长史、军师将军。后来王穆听信谗言，准备进兵敦煌，讨伐索嘏。郭瑀苦苦相谏，但王穆不听，郭瑀感到非常失望，大声痛哭着离开了。从此，郭瑀卧床不起，不吃饭食，也不与人交谈，只盼早日断气。有一天，他梦见自己乘着青龙飞升上天，可是到了屋顶就停在那里了。他醒来以后，叹息道："龙本应在天上飞，如今却栖于屋顶。屋字为尸下至，龙飞至尸，我也离死期不远了。"于是，他来到酒泉南部祁连山中的赤壁阁，不久去世。

敦煌人刘昞，自幼聪颖，14岁时拜儒学博士郭瑀为师。他勤奋好学，博闻强记，学习长进很快，深得老师郭瑀的器重。由于他学业出色，得到老师郭瑀的特别青睐，并打算将女儿许配给他。一天，郭瑀在学馆老师席前安置1个座席，对众弟子说："我有1个女儿，已到了谈婚论嫁的年龄，你们当中谁如果能坐在这个席子上，我就将女儿嫁给他。"听完老师的话，还没有等其他弟子有所反应，刘昞便走上前去坐在那个席上，神情庄重而有礼貌地说："早就闻听先生为令爱选婿，刘昞愿为您的快婿。" 郭瑀遂将女儿许配给刘昞为妻。郭瑀情操高雅，精通经义，刘昞十分推崇老师的品行和学业。后来刘昞学业臻精，隐居酒泉专心从事学术研究和教学活动，教授的学生达500余人，他的儒学造诣很深，而且勤奋不辍，著述颇丰，成为蜚声陇右的儒学大师。西凉建立后，国主李暠亲自征辟刘昞出来做官，委任他为儒林祭酒、从事中郎，不久又升迁为抚夷护军。李暠把他与刘昞的关系，比做刘备与诸葛亮，2人经常在一起谈论治理国家大计。刘昞虽然政务繁忙，仍然手不释卷，勤学不辍。李暠见他如此勤奋治学，便劝他说："你夜以继日地读书著述，这样太辛苦了，还是白天

莫高窟史话

读书写作，晚上好好休息才是。"刘昞则回答说："'朝闻道，夕死可矣！'孔圣人尚且如此，我是何等人，哪敢懈怠！"

公元420年，西凉灭亡后，北凉国主沮渠蒙逊十分爱惜刘昞的才能，迁刘昞到了北凉国都，任命他为秘书郎，专门掌管起居注，还在西苑修建了一座名为陆沉观的建筑让刘昞居住，并给予他很高的待遇，常常亲自前往拜访，尊称他为"玄处先生"。当时刘昞在北凉招收学生数百人，进行儒学教育，为这一时期儒学的普及与发展做出了极大的贡献。北凉的第二代国主沮渠牧犍尊奉刘昞为国师，曾亲自跪拜，并且命令文武百官在刘昞门下受学。公元439年，北魏灭北凉，又把大批河西士人迁至国都平城（今山西大同）。魏太武帝闻听刘昞大名，任命他为乐平王拓跋丕从事中郎。后来，北魏朝廷颁布了一项法令，宣布凡年满70岁的人，可以回归本乡，并由他的1个儿子抚养，于是刘昞便回到了武威。1年后，因思念故乡心切，决心返回敦煌，可是当他行至凉州西面200公里的䔉谷窟就一病不起，不久辞世。

北魏孝文帝太和十八年（494年），尚书李冲和太保崔光上奏北魏朝廷，称赞刘昞的学术文章，要求给予刘昞的子孙任命官爵，免除税役。这一要求得到了北魏朝廷的同意，诏令刘昞之子为郢州云阳县令，孙辈三家被免除税役。刘昞一生，勤于著述，计有《略记》84卷、《凉书》10卷、《敦煌实录》20卷、《方言》3卷、《靖恭堂铭》1卷，并对《周易》《韩子》《人物志》《黄石公三略》等书进行注疏，这些书都刊行于当时，影响很大。后来北魏崔鸿撰写《十六国春秋》时，五凉史实多采用刘昞的《凉书》。遗憾的是刘昞的著作现在均已失传。

敦煌人阚骃，出身名门世家，家学渊源深厚，自幼聪颖过人，博闻强记，如《史记》《汉书》《后汉书》等，他都能背诵如流。他一生酷爱读书、勤奋不辍，经常夜以继日地读书，因此当时人给他取了个绰号，叫"宿读"，后来成为当时很有成就的著名学者，受到人们的赞赏和推崇。

西凉灭亡后，沮渠蒙逊敬仰阚骃的才华，召他出仕为官，并让他留在自己身边，经常和他一起商讨治国大计。后任命他为秘书、考课郎中，并为他选派了30个文职官吏作为助手，协助他勘校经籍，刊定诸子著作3000多卷，为河西文化的传播和弘扬做出了重要贡献。沮渠蒙逊去世以后，其子沮渠牧犍对阚骃愈加敬重，官拜大行台，不久又升迁为尚书，辅佐北凉国事。公元439年，北魏灭了北凉，统一了北方。北魏王朝派宗室乐平王拓跋丕镇守凉州。乐平王到任后重礼请阚骃出仕，担任从事中郎。不久乐平王死去，阚骃便辞官流落到北魏京城平城（今山西大同）。阚骃在京城，生活无计，贫困潦倒，这位大学者最终在饥寒交迫中悲惨去世。阚骃博学有才，学术成就涉及经史子等多个方面，撰写并点校了大量著作，为后世留下了宝贵的文化财富。他一生勤劳不倦，呕心沥血刊定先秦诸子文集3000余卷。三国曹魏王朗曾为《易传》作注，但晦涩难懂，阚骃又为王朗《易传》作注，撰有《王朗易传注》，成为当时学习经典的范本。他花费几十年心血撰写的《十三州志》，是继《后汉书·郡国志》之后又一部重要的地理学著作，在历史地理学上影响颇大，对西汉初年所设13个州进行了分区域记述。在后来的史籍中，此书多被引用。唐代颜师古为《汉书·地理志》作注时大量引用了阚骃《十三州志》，可见这本书在后世的流传和影响之大。可惜的是原本已散失，现仅存清人的辑录本。

敦煌人宋繇，出身敦煌的世家大族。其祖父、父亲都曾在前凉朝廷做官。但宋繇出生不久，父亲便为奸臣残害身亡，5岁时母亲又不幸去世，只好随伯母张氏生活，8岁时伯母又离开人世。一次次突如其来的灾祸使少年宋繇遭到沉重打击，但也锻炼了他坚强果敢的性格。宋繇年轻时就怀有抱负，曾对妹夫张彦说："门户的重任，压在我的肩头，若不努力进取，如何才能继承祖先的家业呢？"后与张彦同到酒泉，拜师学艺。他学习刻苦用功，常常是闭门读书，昼夜不倦，最终成为一名"博通经史，遍览诸子"的学者，为后来建功立业打下了坚实的基础。

宋繇不仅是十六国时期河西地区著名的儒学家，而且还是一位颇有政治才干的济世之士。后凉时期，宋繇因其才学出众被举荐为秀才，官拜郎中，后因不满后凉国主吕光的黑暗统治，投奔段业，被任命为中散骑常侍。但因段业胸无大志，缺乏政治头脑，遂又西奔投靠同母异父的兄长李暠。辅佐李暠在敦煌建立西凉国，官任从事中郎，加折冲将军。公元405年9月，李暠将国都从敦煌迁往酒泉，任命宋繇为右将军领敦煌护军，与其子敦煌太守李让一同镇守敦煌。公元417年正月，李暠病危，临终时托后事于宋繇，嘱咐他说："我死了以后，西凉国的继任者就如同您的儿子，请您好好辅佐他。"于是宋繇兢兢业业辅佐李暠的儿子李歆继任西凉国主。

宋繇以他的才华韬略辅佐李暠父子，为西凉国的建立、巩固和发展立下了汗马功劳，但他毫无骄奢之意。他唯一的爱好就是读书，并且十分勤奋，即使身负重任，戎马倥偬，也毫不懈怠。而且他礼贤下士，凡有儒士来访，不论其身份、地位，都亲自出迎，待为上宾。公元420年7月，李歆不听他的母亲和宋繇等人劝告，亲自率兵攻打北凉，兵败后为沮渠蒙逊所杀。北凉乘势大举进攻，攻陷了酒泉，西凉灭亡。北凉军队在搜查宋繇家时，只发现了数千卷书籍和10余斛盐米。沮渠蒙逊得知此事，感慨地说："我不因为打败西凉李歆而欣

图 2-5 北凉石塔
（敦煌研究院藏）

喜，使我高兴的是得到了宋繇这位难得的人才。"遂拜宋繇为北凉的尚书吏部郎中。沮渠蒙逊临终前，托付宋繇辅佐他的儿子沮渠牧犍。沮渠牧犍继任北凉国主后，任命宋繇为左丞相，将军国大事都交付于他，并派他护送其妹兴平公主去北魏都城平城，北魏太武帝念宋繇护送有功，封他为河西王右丞相，赐爵清水公，加安远将军。后北魏灭北凉，宋繇迁至北魏都城居住，最后逝于平城。

　　西凉政权作为十六国时期少有的汉人建立的三个政权之一，尽管在历史上仅仅存在了 20 年的时间，但是能够在敦煌发展、壮大并建立政权，说明当时敦煌具有坚实的民族基础和深厚的汉文化的根基，而李暠在建国以后所采取的一系列发展文化、兴办教育的政策，也极大地推动了敦煌文化的发展和繁荣，使敦煌成为当时河西地区传播和弘扬汉文化的文化中心之一。以敦煌为中心的西凉文化，对后来的北凉、北魏都产生了深远的影响（图 2-5）。

三、释迦牟尼与佛教

◎ 张艳梅

释迦牟尼（Sākyamuni）出生于古印度的迦毗罗卫国（在今尼泊尔南部）的释迦族。释迦牟尼原名乔达摩·悉达多（Gautama Siddhartha）。"释迦牟尼"意思是释迦族的圣人，在佛教中，被称为"佛"或"佛陀"（Buddha），意为觉悟者，达到觉悟的人。释迦牟尼大约出生在公元前565年，卒于公元前485年，活了80多岁。这一时期正当我国春秋时代，大约与孔子同时。

乔达摩·悉达多本是一个王子，他的父亲是净饭王，母亲是王后摩耶夫人。关于悉达多太子的诞生，有着种种神异的传说，据说摩耶夫人梦见了一个菩萨乘六牙白象而来，于是身怀有孕。按古印度的习俗，妇女生育当回娘家。怀胎将满十月之时，摩耶夫人在很多宫女的陪伴下回家，途中经兰毗尼园，摩耶夫人觉得身体不适，便徐徐来到园中，当她手攀无忧树时，太子从她的右胁生了下来。原来，释迦不愿使母亲受到分娩之痛苦，就从腋下降生了。而太子刚生下来就能行走，他走了7步，每走一步后，脚下就生出一朵莲花。他用一手指天一手指地说："天上天下，唯我独尊。"这时天上有9条龙喷洒甘露为太子沐浴（图3-1）。

摩耶夫人和太子回到宫中，净饭王非常高兴，为太子取名为悉达多。摩耶夫人在太子出生7天后

图3-1 阿玛拉瓦提雕刻 树下诞生图 公元1世纪

因产后极度虚弱而去世。王子便由他的姨母摩诃波阇波提夫人养大。

传说悉达多生下来以后不久，便有一位神秘的苦行僧——先知阿私陀来到王宫，预言太子将"不是伟大的君王，便是统治世界的教主"，并为自己年老不能亲聆其教诲而落泪伤心。净饭王不希望他成为教主，而愿意他继承自己的王位，成为一个统治天下的国王。太子从小学文习武，受到很好的教育，佛经说他精通"六十四种书"，而且武艺超群。17岁时娶大臣摩诃那摩之女耶输陀罗为妻，并生子罗睺罗。太子生活在宫中，享尽人间的快乐。然而，太子常常感到忧郁。国王看到太子不开心，就让他驾着马车去城外游玩。第一次出门，太子看到了一位老态龙钟的老人，他拄着一根木棍，佝偻着虚弱的身体，头发花白，目光呆滞而又疲惫。在此之前，悉达多太子还不知道什么是老，于是同行的随从告诉他说，衰

3-2 犍陀罗雕刻 树下观耕

老是人人都要经历的过程，就连太子本身也不能幸免。随从的话让太子出游的心情一时全无，老人痛苦的身影时时在他眼前萦绕，太子陷入了沉思。第二次太子出游西门，他在路上见到了一位深受病痛折磨的病人，身体浮肿，在他濒临死亡的眼神里，饱含了极度的恐惧和痛苦。第三次出游，太子碰到了一支出殡的队伍，送殡的亲人捶胸顿足，号啕不已。太子看到了人间的疾病、衰老和死亡等诸多痛苦，这使他非常伤感和苦恼。他认为世间的一切事物都是变化无常的，他常常盘腿坐在树下，一动不动地思索着人生的苦难和人生的矛盾以及摆脱苦难的道路。在第四次出游时，太子遇到了一位托钵要饭的苦行僧，他的神情平静而又自信，太子不由得对苦行僧肃然起敬，便产生了出家修行、探索解脱人生苦难之道，求得觉悟的想法（图3-2）。

在29岁那年，悉达多决定出家修行，净饭王听说太子决心出家，心中十分痛苦，见劝说无效，便想出种种办法加以阻止。为了避免国王阻拦，在一个

夜晚太子乘马偷偷逃出城池，到山中开始了苦修的生涯。这一经历称作"逾城出家"。净饭王发现儿子出家，派大臣劝说太子回家，但见悉达多去意已坚，大臣留下憍陈如等5人随行，以照顾他的生活。太子一行先后寻访过当时最有名的学者，并跟随他们学习，但很快发现他们并不能解决他的问题、帮助他找到解脱人生苦难的方法。于是太子离开他们，来到尼连禅河边伽耶附近的苦行林，加入了苦行僧的行列，想通过苦行找到人生的归宿。他"日服一麻一米"，无论风雨，日夜静坐思维。这样连续苦修了6年，他已形如枯槁，身体羸弱，

图3-3 阿旃陀石窟雕刻 降魔

气息奄奄，看上去如同八九十岁的老翁。他感到苦修并不能解决问题，于是到尼连禅河洗尽了6年的污垢，并接受了牧女施舍的牛乳，慢慢地恢复了体力，当他在菩提树下沉思默想时，战胜了心中的一切魔障，突然间得到了大悟，从此明白了人间的真谛。这件事称作"树下成道"（图3-3）。

释迦牟尼在树下觉悟后，首先来到波罗奈城的鹿野苑找到憍陈如等5人，向他们宣讲自己获得彻悟的道理。鹿野苑说法是佛陀第一次说法，他以清楚明白的语言，将"四谛""八正道"的思想传授于他们，这5人被佛陀的说教所深深吸引，随即投入佛陀门下，成为佛的最早的5个弟子。这就是"初转法轮"。他所主张的教义就是佛教。他被尊称为释迦牟尼，意思是释迦族的圣人。后人又称他为佛陀，意为大彻大悟的人。佛教成立后，发展并不是十分顺利，释迦牟尼不断地到各地说法，广收弟子，扩大佛教的影响，公元前484年，释迦牟

尼于拘尸那伽城的娑罗双树林中入灭，称为"涅槃"。

释迦牟尼涅槃后，弟子们进行了一次大集结，弟子们把佛生前的教诲背诵出来，确立了原始佛教最初的佛经内容和戒律内容。之后又经过了100多年，由于后代的弟子们对佛教产生了不同的理解，并发生争论。于是，佛教就产生了不同的部派，先是有上座部和大众部之别，各部又分为很多派别，后来又陆续形成了大乘与小乘。

公元前273年，孔雀王朝的君主阿育王以武力开展了大规模的征战，当他统一了全印度后，他开始对佛教非常感兴趣，在各地建立了许多佛塔，佛经上记载阿育王造了84000千塔（图3-4）。由于阿育王的大力提倡，佛教迎来了第一个发展高峰。不仅在印度本土到处流行，而且还影响到了印度以外的地区。公元前2世纪到前1世纪期间，贵霜王朝的迦腻色伽王以北印度的弗楼沙（今巴基斯坦的白沙瓦）为都城，建立了强大的中亚帝国。迦腻色伽王也十分崇尚佛教，佛教此时达到了极盛时期，并向中亚各地及中国广泛传播。不久以后，中国西部的龟兹（今新疆维吾尔自治区的库车县）、于阗等地便开始流行佛教，并进而传入了中国内地。从中国历史文献来考察，大约在西汉末年（公元前后），佛教已经传入中国内地。东汉以后，逐渐出现了佛教寺院以及僧侣活动。魏晋时期，佛教在中国已经相当盛行了，上至帝王贵族，下至平民百姓，信仰佛教已是很平常的事，各地建立众多寺院。东晋十六国时期，中国西部的甘肃一带已经出现了很多石窟寺遗迹。敦煌石窟、炳灵寺石窟、金塔寺石窟等都是

图3-4 印度山奇大塔

在这一阶段开始营建的。由于古代的寺院大多没有保存下来，石窟因其远离城市，不易受战争与自然灾害的影响，往往能保存下来，这些石窟就成了我们认识古代佛教文化与艺术的重要资料。

在佛教早期发展中，讲述释迦牟尼的故事（即佛传故事）是一项十分重要的内容。因为要宣传佛教，必然要宣传佛教的创始人——释迦牟尼传奇的一生，也包含着佛教的一些基本的教义。所以，早期石窟壁画中有很多表现佛传的题材。佛经中往往把释迦牟尼神格化了，带有很多神异的色彩，这也是敦煌壁画故事画的一个特色。莫高窟现存最早的洞窟第275窟南壁就画出佛传故事中"出游四门"的故事，表现悉达多太子在出家前，分别遇见老人、病人、死人及僧人的情景，由于壁面损毁，只剩下3个场面（图3-5）。人物形象具有西域人物的特征，而城门的建筑则是明显的中国传统建筑形式，门楼的屋檐及斗拱等历历可见。

降魔成道和初转法轮也是表现佛传的重要场面。前者表现释迦牟尼成道时，魔王波旬深恐释迦的成道威胁到自己，就率众魔军企图杀死释迦牟尼。可是面对众魔围攻，释迦镇定自如，以神通力击败了魔军，使众魔俯首归降。表现这一主题的画面也称降魔变，在印度和犍陀罗的雕刻中就很常见，敦煌北魏壁画中的降魔变在构图上完全继承了外来的形式，如第254窟南壁，表现佛安坐在中央，周围各式各样的妖魔手执各种武器，向佛袭来。画面下部则描绘魔

图3-5 莫高窟第275窟 南壁 出游四门

莫高窟史话

图 3-6　莫高窟第 254 窟　降魔变

军败北后跪在佛前的样子。画面下部左侧还描绘了3个美女正对着释迦搔首弄姿，右侧有3个面貌丑陋的老女人。这是表现魔王波旬见魔军不能战胜释迦，便施美人计，企图以美女来诱惑释迦，但释迦不为所动，并使神力，把美女变成了又丑又老的老婆子（图3-6）。

　　初转法轮表现的是释迦牟尼成佛后到鹿野苑第一次说法的情景，也称鹿野苑说法。通常描绘佛在说法，佛前有2只鹿象征着鹿野苑，并有3个圆形的法轮。佛两侧画有比丘5人，代表最早跟随释迦的5个比丘，在北魏第260窟、263窟都画有初转法轮图，特别是第263窟壁画保存如新（图3-7）。

　　涅槃图也是佛传中的一项重要内容，释迦牟尼的涅槃意味着肉体的消失和灵魂的升华，从此进入不生不灭的状态，对于佛教来说，从此佛不再是一个实体的人物，而是一个永远存在的精神导师。因而涅槃就是佛教的最高境界。涅槃图在佛教艺术中具有十分崇高的地位，这一点与基督教艺术中描绘被钉在十字架上的耶稣表现的是同样一种宗教境界。北周第428窟西壁的涅槃图是莫高窟最早的涅槃图，其表现方法与中亚的佛教艺术一致，描绘佛安详地卧在双树下，周围有众多的弟子环绕，弟子们表情悲哀，大弟子迦叶抚足恸哭。全图充满了伤感的情调。隋代以后，涅槃图形成了规模较大的独立的涅槃经变，详细描绘了释迦牟尼涅槃前对众弟子的最后一次说法，然后进入了涅槃的状态，佛弟子们伤心痛哭，佛母摩耶夫人自天而降，佛再次为母说法等场面。

　　莫高窟第290窟人字披顶的佛传图则是以长卷式画面，完整地表现了从佛的诞生、出家直到成道为止的故事，如连环画一样，以连续性的画面，形成长卷的形式，在人字披的两披

图3-7 莫高窟第263窟 初转法轮

图3-8 莫高窟第290窟 佛传

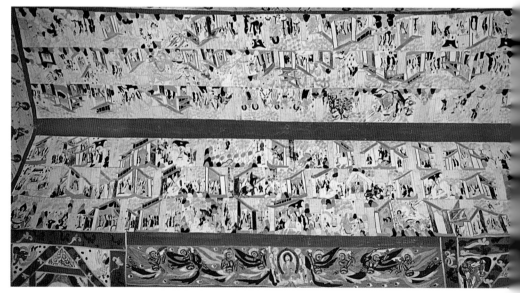

各以3段长卷画幅相接续，共6段画卷，画出87个情节，可称为最长的连环画了（图3-8）。画面线描流畅而清晰，色彩简淡，以建筑、山水为背景，人物造型简练，体现出早期壁画故事画艺术的成就。在五代时期的第61窟也在南、西、北三壁的下部利用屏风画分割的形式，画出完整的佛传故事；内容更为丰富，从佛诞生之前的种种传说故事到佛涅槃为止，共画出128个情节，是莫高窟内容最为丰富的故事画。这在现存的佛教艺术中也是十分罕见的。画面中还可以看到当时人们的社会生活的种种面貌，如宫中生活、歌舞宴乐、骑射比武、市井生活、农耕景象等，反映了中古社会的种种生活状况。

图3-9 莫高窟第329窟 乘象入胎　　　　　　图3-10 莫高窟第329窟 夜半逾城

在隋代和初唐时期，佛传故事画大多选取一两个有代表性的情节来表现，如释迦诞生前，摩耶夫人梦见白象的场面，称作"乘象入胎"（图3-9）。悉达多太子决定离家修行而骑马逾城的场面，称为"夜半逾城"（图3-10）。这两个情节，一个象征着释迦的诞生，一个象征着释迦牟尼修行的开始，是壁画中最为常见的佛传场面。在隋及唐初的洞窟中往往在正面龛两侧分别画出这两个情节，具有装饰效果。如第57窟、第209窟、第329窟就是典型之例。一边是菩萨骑白象从空中而来，伴随着还有很多天人演奏音乐；另一侧是悉达多太子乘马腾空而起，有4个小天人托着马足；周围飞天散花飞行，气氛热烈。

总之，佛传故事是佛教壁画中的重要内容，各时期、各地区的寺院和石窟中都会有不同的表现，反映出不同地区佛教艺术的特色。

四、西晋、十六国时期活跃在敦煌及河西的高僧

◎ 梁 红

3 16年，西晋统治政权为匈奴所灭，晋室南迁，匈奴人又没有能力控制当时进入中国北方地区的各个少数民族，北方从此经历了一个大分裂时期。从304年巴氏人李雄和匈奴人刘渊分别建立政权开始，先后有16个政权出现，史称十六国。实际上不止16个国家。除了汉族建立的西凉、北燕、前凉、冉魏、巴氏建立的成汉以外，其他政权分别是匈奴建立的汉、前赵、北凉、夏，鲜卑族建立的前燕、后燕、西秦、南凉、南燕，羯族建立的后赵，氐族建立的前秦、后凉，羌族建立的后秦。而匈奴、鲜卑、羯、氐、羌史称五胡，所以又称为五胡十六国。这一时期统领过凉州地区的就有前凉（318—376年）、前秦（351—394年）、后凉（386—403年）、西凉（400—421年）、北凉（397—439年）。前凉、后秦时，凉州与沙州都被纳入了它们的统治。后凉初时有敦煌，后来西凉建国，据敦煌、酒泉一带。北凉灭西凉，河西俱为其所有。

十六国时期，河西一带政权更迭频繁，时局动荡不安，这样的历史背景却促进了河西佛教的发展。许多东、西往来的僧人因为各种原因滞留在这一带，他们进行诸如译经讲法等各种佛教活动，特别是当时的译经活动，成为北方佛教得以发展的很重要的因素。

西晋时期的佛教活动主要还是以译经为主，当时从事译经活动的国内外沙门及优婆塞共有十几人，其中最著名、成就最突出的是竺法护。

敦煌菩萨——竺法护

竺法护（228—306年），音译竺昙摩罗刹，亦作竺昙摩罗察，意译竺法护。他的祖先本是月支人，又被称为支法护。世居敦煌郡（今甘肃省敦煌市），因而又被称作敦煌菩萨。8岁时出家事外国沙门竺高座为师，那时的传统是出家后随师姓，因而改姓为竺。据说他十分聪慧，过目不忘，每日可以背下万言的经典。更加可贵的是他天性纯懿，勤奋好学，曾博览儒家和诸子之书。那时正值晋武帝之世，虽然中土的寺庙及造像已经很兴盛了，但在经藏方面显得十分不足。竺法护发愤立志要弘传大乘，于是跟随师父来到了西域，开始在西域游历。在那里，他通晓36国的语言文字。后来他带着大量大乘经典回到中土，

自敦煌到长安沿路传译。从太康五年（284 年）到晋惠帝即位（290 年）这段时间内，译经地点辗转于敦煌、长安、洛阳等地。而后，于元康元年（291 年）之后的两三年中，与弟子竺法首等隐居于陈留仓垣水南寺。数年之后，在长安青门外建立寺庙，弘扬佛法，草创了中国佛教史上最早的学派——关河学派。这个学派一度发展壮大，有僧徒数千人之多。虽然此学派在“八王之乱”中夭折，竺法护也被迫流离失所，病逝于逃亡途中。但是，该学派在经过东晋释道安的努力之后，为姚秦鸠摩罗什的译经和培养学僧创造了条件。关河学派在释道安和鸠摩罗什的领导下，成为汉传佛教的摇篮。

据记载，竺法护与助手聂承远、聂道真父子及弟子竺法乘等共译出了156部佛教典籍，但已有部分佚失，据现存于《大正藏》中竺法护的译经卷目统计，可知的共97部207卷。所译有般若经类、华严经类、法华经类等，种类繁多，多为当时流行于印度本土及西域的早期大乘流派的主要经典，为大乘佛教在中国的传播打开了广阔的局面，促进了佛教多种思潮向内地的传播。其中以《正法华经》《光赞般若经》最有名。《正法华经》在鸠摩罗什译出《法华经》之前十分流行，主张一切众生皆可成佛，并且塑造出能够在现实世界解救众生苦难的光世音（后世译观世音）菩萨的形象，受到广大佛教徒的欢迎（图 4 – 1）。

竺法护在敦煌、酒泉及天水等地都译过经书。这为河西佛教的发展提供了有利的条件，他所译之经以大乘居多，他的译经活动对河西大乘佛教的发展无疑起到了促进作用。

图 4–1 敦煌藏经洞写经《正法华经》一卷（竺法护译经代表）

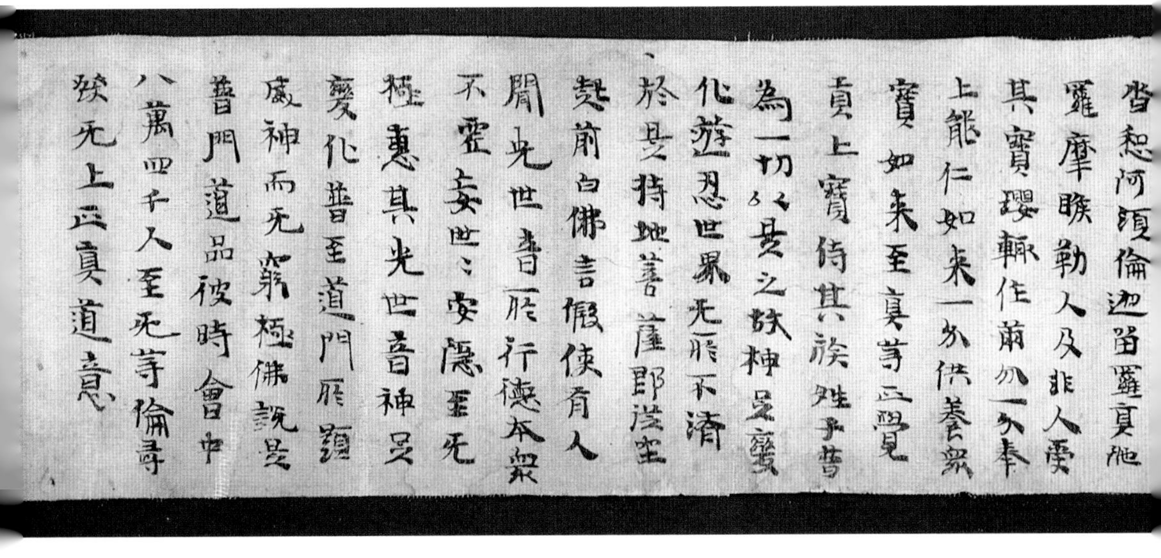
沓和阿須倫迦留羅真陀
羅摩睺勒人及非人衆
其寶瓔輙住前以一分奉
上能仁如來一分供養衆
寶如來至真等正覺
貢上寶侍其族姓子普
為一切人是之故神足變
化遊忍世界无所不濟
於是持地菩薩即從坐
起前白佛言假使有人
聞光世音所行德本衆
不聖妄世之安隱至无
極惠其光世音神足
變化普至道門所顯
威神而无窮極佛說是
普門道品彼時會中
八萬四千人至无等倫尋
發无上正真道意

大化西行——竺法乘

竺法乘，竺法护的得意弟子之一。籍贯不详，只知道他小时候十分聪明，后随法护出家做了沙弥，法护十分喜欢他。法护在关中传法译经的时候已经非常富有了。当时长安有个士人想依附法护修习佛法，但不知法护的德行如何，于是想出一个办法来试探法护。他到法护的住所，假称自己遇到难处想向法护借钱20万两，法护当时没有说话。其时法乘13岁，正站在法护的旁边，他立即说：我师父没有说话就是答应你了。来人走后法乘对法护说：看这个人的神色不像是来借钱的，倒像是来试您的德行的。第二天士人带着全族100余人投法护修习佛法。于是法护声名大震。

后来竺法乘西行来到敦煌，在敦煌建立寺庙，广收门徒，弘扬佛法，《高僧传》里形容他："忘身为道，诲而不倦。使夫豺狼革心戎狄知礼。大化西行乘之力也。"意思是说他在敦煌之地大力弘传大乘佛法，使当地之人转奉大乘。大乘佛法在河西的传播其功不可没。

鸠摩罗什

佛教在东晋时期形成南北区域，北方的十六国多数提倡和信仰佛教。特别是三秦的佛教在中国佛教史上占极重要的地位，其代表人物为道安和鸠摩罗什。

北方地区的佛教，发轫于西域沙门佛图澄（232—348年）在后赵的弘传。佛图澄于西晋永嘉四年（310年）来到洛阳，其时后赵石勒在葛陂专肆杀戮，佛图澄后来与他相见，用佛法感化了他，从此中州各族人民开始信奉佛教。与佛图澄同时在后赵弘法的还有敦煌人单开道。

继后赵之后，北地佛教最盛的区域是前秦。前秦建都在长安，地处与西域往返的要冲，第二代统治者苻坚笃好佛教，他在位时北地佛教的中心人物是道安。后来他听说西域龟兹有名僧鸠摩罗什，就派大将吕光征讨龟兹诸国，欲获鸠摩罗什。

鸠摩罗什（344—413年），祖籍印度，生于龟兹（今新疆库车）。其祖上世代为天竺国相，其父鸠摩炎为避官出家，东度葱岭。龟兹王素来仰慕他，遂迎请为国师。

龟兹国王有一个妹妹，十分聪慧，对鸠摩炎一见钟情。在她的说服下，龟兹国王逼迫鸠摩炎还俗迎娶王妹为妻。婚后生下鸠摩罗什。据说罗什母怀孕时比平日更加聪慧，有一次到寺庙听高僧讲经，忽然间竟自通天竺语，与僧师辩经答问自如，生产后就不能讲话了。有高僧说这是因为她腹中所孕育的乃是佛教智者的缘故。后来，鸠摩罗什的母亲想要出家修习佛法，但他的父亲不赞同，因为当时就是王妹要嫁他才使他中断修行重入俗世的，而今这个想尽一切办法将他拖入世俗洪流的罪魁祸首竟然又要抛弃丈夫和孩子，独自一人去享受宁静的生活，这曾经也是鸠摩炎的理想，也许就是因为此时的鸠摩炎已经无法摆脱世俗的羁绊，因此也不能放任妻子出家为尼。罗什的母亲没有办法，只得放弃了出家的念头。这样的生活又过了几年，鸠摩罗什有了一个小弟弟，也许是生产的痛苦使母亲醒悟了，她又兴起了出家修行的想法，这次她绝食示念，无奈之下鸠摩炎只得答应了。

鸠摩罗什在7岁时也随他的母亲出家了。他聪明绝顶，日诵千偈，约3万言。听师傅讲解佛法只一次就能完全体会，对于常人难以觉察的隐微之意，他也能洞若观火。9岁时随母到达罽宾（克什米尔一带），随名僧槃头达多学习小乘佛法，声名大噪。年12岁，随母返回龟兹。随佛陀耶舍学十诵律，又从须利耶苏摩谘修习大乘佛法。在西域诸国影响很大（图4-2）。

公元384年，苻坚派吕光征讨西域，临行时对吕光说：如果攻克龟兹请赶快把鸠摩罗什送回我这里。吕光攻克龟兹后获鸠摩罗什，因为不信佛教，对鸠摩罗什起了轻视之心，于是极尽戏弄。让罗什娶龟兹王女为妻，罗什不从，吕光就想尽各种办法来逼迫他。后来看他意志坚决，就将他和王女灌醉锁在一间房子里，罗什于是破戒，没有办法只得娶王女为妻。吕光带鸠摩罗什返程的途中，走到凉州听说苻坚

图4-2 克孜尔石窟前鸠摩罗什像

图 4-4 武威罗什塔

图 4-3 敦煌市鸠摩罗什白马塔

已被后秦所杀，便在凉州建国，史称后凉。他看中鸠摩罗什未卜先知的能力，把他当作军师来用（图 4-3、图 4-4）。

后秦弘始三年（401 年），后秦姚兴灭凉州，鸠摩罗什才被请到长安译经。罗什居凉州 16 年之久。

姚兴十分尊崇罗什，对他供养甚丰。后来又送给他十几个伎女，为他修建宅第，从此鸠摩罗什就不住在寺院里了。当时他的弟子看他美女在怀，都十分羡慕，也想娶妻生子。据说罗什当着弟子的面，将一把针吞下肚子竟安然无恙，并说如果你们能够有我这样的修为，那么就可以像我一样生活了。众弟子才打消了这样的念头，专心修行。

鸠摩罗什在长安译出了大量的经典。据记载，他共译大小乘佛经 35 部 294 卷。他翻译的佛经语言流畅，广为流传，对中国佛教宗教哲学和教义的形成产生了极大的影响，同时使中土戒律趋于完备。在鸠摩罗什的影响下，后秦首先创立僧尼管理机构，设置僧正、悦众、僧录等僧官，为后世僧官制度所仿效。他的弟子达 500 人以上，听法的弟子多至 2000 人以上。他们后来分布于全国各地，对南北朝时期佛教的兴盛和学派的兴起有直接的影响。

昙无谶

鸠摩罗什在长安译经时,河西之地的凉州也有一个著名的译经僧人,就是昙无谶。

昙无谶本是中印度人,或云昙摩忏,或云昙无忏,音译不同而已。6岁丧父,后随沙门达摩耶舍出家,初学小乘兼五明诸论,十分精通。后来遇到白头禅师,两人因为所修习的经典不同终日辩论,这样辩论了十旬,昙无谶才觉得白头禅师所修习的佛法更胜一筹,于是白头禅师将自己所修习的《涅槃经》送给昙无谶。从此昙无谶改习大乘佛法。

昙无谶的堂兄擅长驯服大象,有一次他的象将国王的坐象杀死了,国王愤怒异常,下令处死谶堂兄,并明令不许任何亲属去看他。亲属们虽然很伤心,但都不敢去收尸,只有昙无谶将他收葬。这令国王十分生气,想将昙无谶也处死,昙无谶神色自如地说:"您因为我的兄弟触犯王法而杀了他,我因他是自己的亲人才将他收葬,这两者之间并没有相互抵触的地方,您又为什么要为这样的事情而发怒杀人呢?"国王见他气度不凡,便没有杀他,还将他留在宫中供养。昙无谶擅长咒语,西域人称他为大咒师,国王很器重他。

后来他带着《大涅槃经》《菩萨戒经》《菩萨戒本》到了罽宾。罽宾人多修习小乘,不信涅槃。于是他又向东行进来到了龟兹,随后又经鄯善到了敦煌,在敦煌期间,他翻译了著名的《菩萨戒本》以及《金光明经》《方等大集经》等多部经典。大约在北凉玄始十年(421年)至姑臧。刚到姑臧时他害怕自己带来的经卷丢失,睡觉时就将它们枕在头下,连着3天晚上都有人将经卷拉出来放在地上,他以为有小偷。后来空中传来说话的声音,说:"这是教世人解脱世间苦的经藏,你怎么能把它做枕头呢?"于是他将经卷放在高处供奉。

时值北凉王沮渠蒙逊当政,蒙逊崇信佛法,对他十分器重,并请他翻译经典。

后来,北魏拓跋焘知昙无谶擅长道术,便派人来请他到北魏去。来使还对沮渠蒙逊说:如果不让昙无谶到平城,就会派兵来攻打凉州。但是蒙逊不想让昙无谶离开自己,对拓跋焘的数次催请皆不答复。昙无谶见此情况,就向蒙逊辞行,说是想到西域去寻找《涅槃经》的后部分。蒙逊知道谶借故想离开自己,十分生气,就派刺客将昙无谶杀害在西行的路上。

昙无谶的译经活动主要是在敦煌和姑臧两个地方。谶所译经典也是以大乘为主,而《涅槃经》阐佛性说,开中国佛理之一派,至为重要(图4-5)。

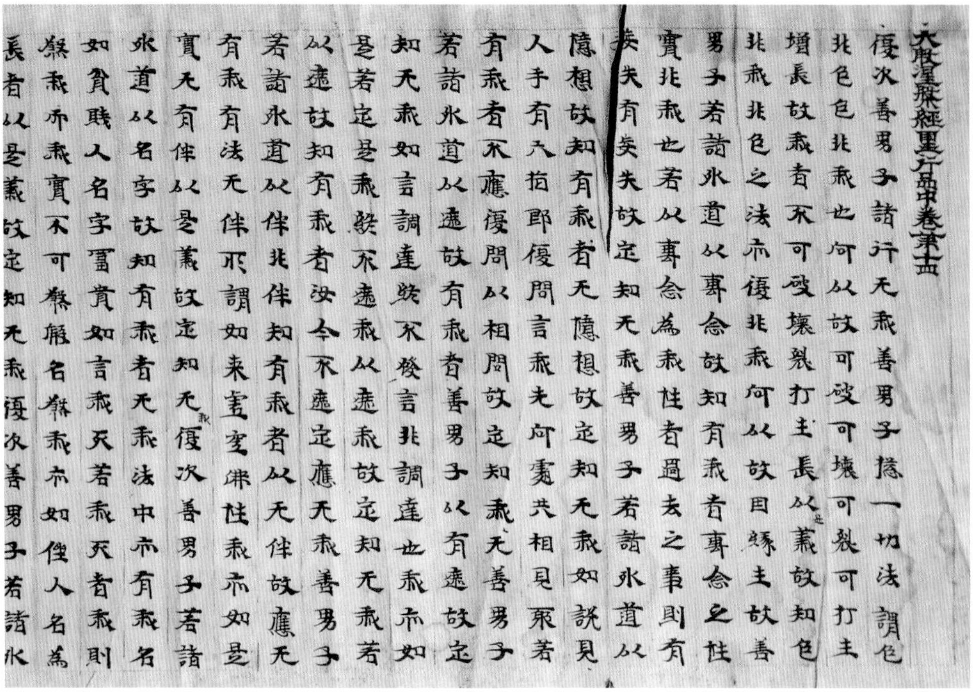

图4-5 敦煌写经 昙无谶译《大般涅槃经》

法显

东晋以来，西行求法的人越来越多，他们大多取道河西。这些游方僧人的到来也促进了凉州佛教的发展，其中最有名的是释法显。

释法显，姓龚，平阳武阳人，他有3个哥哥，都在童年夭亡，他的父母担心他也夭折，3岁时，把他度为沙弥。10岁时，父亲去世。他的叔父考虑到他母亲寡居难以生活，便要他还俗。法显这时对佛教的信仰已非常虔诚，他对叔父说："我本来不是因为有父亲而出家的，正是要远尘离俗才入了道。"他的叔父也没有勉强他。不久，他的母亲也去世了，他回去办理完丧事仍即还寺。法显性情纯厚。有一次，他与同学数十人在田中割稻，遇到一些穷人来抢夺他们的粮食。诸沙弥吓得争相逃奔，只有法显一个站着不动。他对那些抢粮食的人说："你们如果需要粮食，就随意拿吧！只是你们现在这样贫穷，正因为过去不布施所致。如果再抢夺他人粮食，恐怕来世会更穷。我真为你们担心！"说完，他从容还寺，而那些抢粮的人竟被他说服，弃粮而去。这件事使寺中僧众都很佩服。20岁时，法显受了大戒，对佛教信仰之心更加坚贞，行为更加严谨，时有"志行明敏，仪轨整肃"之称誉。

后来，在他修习佛法的过程中，感觉佛教戒律的典藏太少，现有的律藏不能够完全规范僧侣们的日常行为，于是决定到天竺去求取这一方面的经籍。后秦弘始二年（400年）春天，法显同慧景、道整、慧应、慧嵬4位僧人一起，从长安起身，向西进发，开始了漫长而艰苦卓绝的旅行。次年，他们到了张掖，遇到了智严、慧简、僧绍、宝云、僧景5人，他们志趣相投，约好一起到天竺去，因其时正值盛夏，他们就在张掖夏坐。夏坐是从印度传来的一种佛教习俗，每逢夏天，僧人们便不再外出化缘传法，他们聚集在一起讲经修习。这种习俗看来在东晋时仍被保留着。夏坐之后，他们组成"巡礼团"，西进至敦煌，在敦煌待了一个多月，得到太守李暠的资助，西出阳关渡"沙河"（即白龙堆大沙漠）。法显等5人先行，智严、宝云等人在后。白龙堆沙漠气候非常干燥，时有热风流沙，旅行者到此，往往被流沙埋没而丧命。法显后来在他的《法显传》中描写这里的情景说："上无飞鸟，下无走兽，遍望极目，欲求度处，则莫知所拟，唯以死人枯骨为标帜耳。"他们冒着生命危险勇往直前，走了17个昼夜，750公里路程，终于渡过了"沙河"。

法显等人越过葱岭到达北天竺，又周游中天竺，求得《摩诃僧祇律》《弥沙塞律》《长阿含》《杂阿含》《杂藏》等中土未有之经典由海路返回中国。

法显回国后除译经典外，还写下了著名的《法显传》（又称《佛国记》）。此书成于义熙十二年（416年），一卷，共13980字，记述了他从长安出发到中印度求经的全部历程，其中所记凡32国，还有一些未标国名的城市。书中不仅简要地记载了法显游历天竺时所行进的路线、在各地停留的时间，还记叙了我国新疆及中亚各国在5世纪初的历史状况，如里程、方位、山川、气候、人口、语言、风俗、物产、政治、宗教等，特别是佛教的寺庙、遗迹、僧尼数目、所习教说以及众多的佛教传说。它是汉人从长安经西域至印度的陆路行程和从印度泛海至中国的海路航线的最早记录。由于书中记叙的西域古国早已灭亡，典册罕存，本书便成了研究这些古国的历史变迁的稀世珍宝，因而受到了中外学者的高度重视。自19世纪以来，先后被译成法文、英文、日文等，出现了一批专门研究此书的著作。

河西石窟寺的兴建

除了以上介绍的这些名僧外，在河西一带译经传法的僧人见于经录的还有许多人，如昙摩蜜多、释玄高、释法成等。据道安《凉土异经录》记载，凉州译经就有59部79卷，可见凉州译经之早之多。这些在河西活动的僧侣们不仅译出了许多佛教典籍，促进佛学义理与戒律学的发展，还促进了此地寺庙、石窟寺等的兴建。加之在此建立政权的割据势力大多尊崇佛法，这里的佛事活动极其兴盛。

据《释老志》记载："凉州自张轨后世信佛教。敦煌，地接西域。道俗相交，得其旧式，村坞相属，多有塔寺。"如竺法护曾经在敦煌建寺庙，法护的弟子竺法乘也到敦煌建庙定居，昙摩蜜多"度流沙进到敦煌，于闲旷之地建立精舍，植柰千株开园百亩，房阁池沼极为严净。顷之复适凉州，仍于公府旧事更葺堂宇，学徒济济禅业甚盛"。

由于佛教的盛行，从河西到陇东即今甘肃省境内营建了很多佛教石窟寺。麦积山石窟大约是在西秦时期开始营建；炳灵寺有西秦建弘元年（420年）题记（图4-6）。莫高窟是在前秦建元二年（366年）开始凿建的。

提到河西石窟的兴建，就一定会提到北凉王沮渠蒙逊，他对北凉时期河西石窟寺的兴建发挥了重要作用。

沮渠蒙逊（368—433年），匈奴人，临松卢水（今张掖民乐南古城）人，其先世为匈奴左沮渠部帅，遂以官为氏。系匈奴支系卢水胡族首领，其时依附后凉。后因其伯父沮渠罗仇与沮渠麹粥为后凉王吕光所杀，遂与诸部落结盟起

图4-6 炳灵寺西秦第169窟 内景

图 4-7 莫高窟第 275 窟 北壁 供养人

兵，改投北凉段业。那时北凉初立，国基不稳，加之段业心胸狭窄，蒙逊备受猜忌，于是杀段业自立，称凉王。

北凉初建，处在后凉、南凉、西凉四面强邻压境之中，形势险恶。为了巩固政权，沮渠蒙逊重用汉族人士治国，并在此基础上整顿内政。首务是扭转因连年征战而造成的农田失理及粮食等物资匮乏的情况，实行轻徭薄赋，令民"专功南亩"的政策。同时，放宽刑罚，赈恤灾荒，检查失政，严督官司吏，劝课农桑，提倡儒学。由于沮渠蒙逊采取了上述举措，使北凉在经济、政治、文化诸方面都比河西同时期的后凉、西凉、南凉有显著进步，国力也比较强盛。到公元 430 年前，完成了整个河西走廊

图4-8 北凉石塔一例(敦煌市博物馆藏)

的统一，疆土东接金城（兰州），西包敦煌，势力所及达于葱岭。

　　沮渠蒙逊对河西文化发展有着不可磨灭的贡献，特别是在普及佛学中起了重大作用。蒙逊执政期间还先后开凿了天梯山石窟、文殊山石窟、马蹄寺石窟部分洞窟和金塔寺石窟以及敦煌莫高窟第272、275等窟，成为河西文化的瑰宝（图4-7、图4-8）。其中有的石窟是蒙逊的家庙："逊初于凉州之南百里许

图4-9 马蹄寺石窟群全景图（沮渠政权早年活动的临松山）

设五佛像，或以石刻或以土塑，千变万化。又为母造一石像。"（图4-9）

　　北魏灭北凉后，从凉州迁了大量的僧人，以致京邑僧人太多，不得不进行裁减。北魏初佛法不盛，其时佛法稍盛之地在西北之凉州与东北之燕，后来与北魏佛教兴衰有重大关系的玄高、昙曜、师贤等名僧都是从凉州到平城的。由此可见当时凉州佛教的兴盛。

五、莫高窟的营建

◎梁　红

敦煌位于甘肃河西走廊最西端，坐落于大漠戈壁之中。莫高窟的地理环境更加独特：一条宕泉河水将此地一分为二，东面是绵延数百平方公里的三危山，此山暗红色，山体为裸露的岩石，寸草不生，站在山顶东望，山峦连绵起伏，一望无际，恰似一片火海；西面是著名的鸣沙山，沙丘高大成山体状，沙质细腻，亦是蜿蜒盘旋，连绵不断。现存的莫高窟就凿于宕泉河冲刷鸣沙山的砂砾岩质断崖上。

莫高窟现存洞窟有700多个，其中有壁画及彩塑内容的有492个，大致分为南北两个区，南区所有洞窟几乎都有壁画及彩塑，北区除个别窟室有壁画或彩塑外，大多为僧人居住的生活窟、修行所用的禅窟和僧人死后埋葬的瘗窟等。

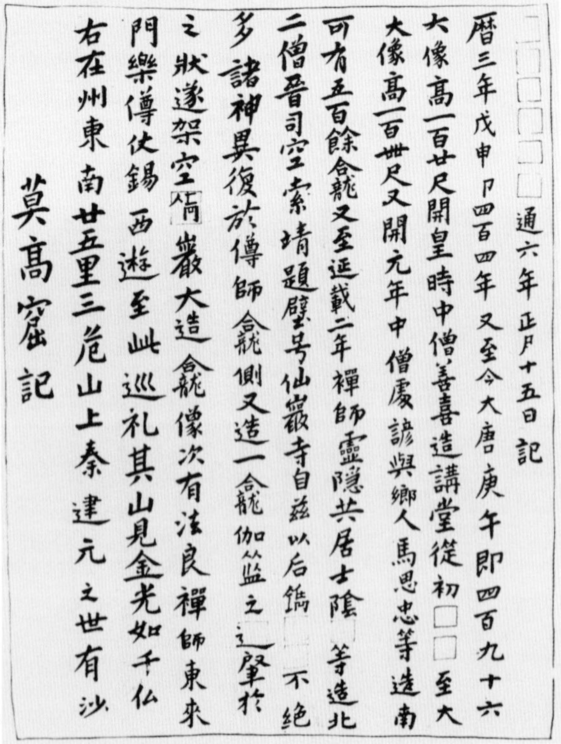
莫高窟記
右在州東南廿五里三危山上秦建元之世有沙
門樂僔仗錫西遊至此巡礼其山見金光如千仏
之狀遂架空□巖大造龕像次有法良禪師東來
多諸神異復於僔師龕側又造一龕伽藍之□肇於
二僧晉司空索靖題壁号仙巖寺自茲以后鐫□□不絕
可有五百餘龕又至延載二年禪師靈隱共居士陰□等造北
大像高一百卌尺又開元年中僧處諺與鄉人馬思忠等造南
大像高一百廿尺開皇時中僧善喜造講堂從初□□至大
曆三年戊申尸四百四年又至今大唐庚午即四百九十六
□□□□□通六年正月十五日記

图5-1 莫高窟第156窟 前室西壁《莫高窟记》墨书题记（摹本

关于敦煌莫高窟初建年代，最早的记载是写于圣历元年（698年）五月十四日的《李君莫高窟佛龛碑》（图5-1）。据碑文记载：前秦建元二年（366年），有一个法号叫乐僔的游方僧人对佛法信奉十分虔诚，他严格遵守戒律，领悟了佛法真谛，四处云游弘扬佛法。有一天他来到了敦煌三危山，看见河岸边的山崖上忽然呈现出万丈金光，光芒中似乎有千万尊佛像闪闪发光。他觉得这是佛祖给他的启示，于是便在这片崖壁上架梯凿岩，开凿了一个佛窟，以示供养。后来又有一个

法号为法良的僧人来到这里，看到乐僔的窟室，也效仿他，在乐僔窟的旁边又开凿了一个窟室。莫高建窟滥觞于此。到唐朝总计有窟龛 1000 多个，可见莫高窟那时有多么繁盛（图 5-2）。

其实，从科学的角度来看，乐僔当时所见到的金光千佛，只是一种自然奇景引发的幻觉。这种自然奇景，我们今天在三危山上仍可看到。因为三危山是剥蚀残山，山上无草木，岩石为暗红色，其中含有石英、云母等矿物质，夕阳反射，灿烂若似金光。当然，生活在千余年前的乐僔对这种自然奇景无法理解，作为一个虔诚的佛教徒，就把它完全归之于"佛"了。也有学者认为，这也可能是乐僔和尚在禅修时所产生的一种幻觉。那时禅修是佛教僧人的必修课，并且基本上终身奉持，而僧人在坐禅时常常产生幻觉，这种幻觉大多以见佛为主。乐僔看到千万佛像也可能就是这种情况。

乐僔和法良修建的洞窟从实质上讲不只是供养，同时也是为了禅定。禅定一直以来都是僧人修习佛法的主要方式，直到现在也是如此。

　　禅是梵语"禅那"的略称，义译为静虑，是制心一处、思维观修之义。禅也是"禅定"的略称。"禅定"一语是梵语"禅那"的略称"禅"和梵语"三摩地"意译（略译"三昧"）的"定"相结合而成。在印度，禅定可以说是最古老的一种修行的方法，早在佛教成立之前即已盛行。佛陀立教，把"戒、定、慧"立为基本三学，是每个佛教徒必须修持的根本法门。佛教传入中国后，各宗各派无不以禅定或禅观为其修行和立宗的根本。早期佛教更是注重禅修。有些僧人更以禅修为业，他们大多选择远离闹市的偏远之地，最喜欢的就是离地面有一定距离的山洞作为禅修的场所。在这里，他们排除世间的杂念，体证自我，领悟佛法真谛。在禅修的过程中很多僧人都会言明自己和佛陀交流过。莫高窟早期洞窟都位于崖面的中段可能主要出于这一点考虑。例如北魏的第268、272、275窟，西魏的第249、285都处于这样一种位置。

图 5-3 莫高窟第 268 窟　主室内景

　　莫高窟现存最早的洞窟据考证是北凉时期所建，共有3个，即今敦煌研究院编号第268（第267~271，实为一组洞窟）、272、275窟。位于南区洞窟中段第三层。就洞窟形制而言，北凉三窟各有特色，形制不一。

　　第268窟平面为纵长方形，平顶，顶塑斗四平棋。西壁（即正面后壁）开一尖楣圆券形小龛。龛内塑交脚佛像一尊（图5-3）。龛下的供养人画像经过两次重修。表层为北魏作品，在北魏供养人像下层还有一层供养人像，现在由于北魏画脱落而露出一身，着红色服装，形象已看不清。北魏供养人像下层的供养人像画于何

时，现在还不清楚。

第268窟南北壁各开两个对称的小龛，编号为267、269（南壁）、270、271（北壁）窟，与268其实为同一组洞窟，属第268窟的禅窟。四窟很小，仅容一人盘坐，大约是僧人禅修时所坐之处。有学者推测这可能就是当年乐僔用过的禅窟（图5-4）。

第272窟紧靠第268窟北侧，平面大致为方形，南、北宽3.10米，东、西进深2.70米（图5-5）。窟顶近似穹隆，中心浮塑斗四藻井。西壁距地面很近处开一穹隆龛，顶绘莲

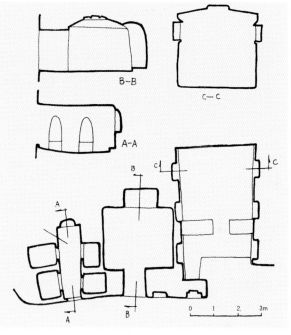

图5-4 北凉三窟组合图

图5-5 莫高窟第272窟 主室内景

花。龛内塑一佛，高1.38米，双手残，头经后代重修，着袒右袈裟，倚坐于方座上。项光中有化佛，背光中有天人，舞姿各异。北壁画千佛，千佛中间画说法图一铺，宽0.78米，高0.75米，画面由一佛二菩萨四弟子组成，佛结跏趺坐于须弥座上。南壁千佛中间也画说法图一铺，宽0.70米，高0.75米，亦由一佛二菩萨四弟子组成，佛结跏趺坐于狮子座上。这两铺说法图与龛内塑佛组合，表现过去、现在、未来三世佛，主要是供僧人观像、礼佛用。

　　第275窟紧挨第272窟北侧，平面纵长方形，南北宽3.34米，东西进深5.50米（图5-6）。窟顶为起脊较宽的人字披形。西壁不开龛，贴壁塑交脚菩萨一身，高3.40米，是北凉三窟中最大的一身塑像。交脚菩萨头戴三珠化佛冠，项饰璎珞，肩披大巾，下着羊肠裙，右手残，左手置膝头，似结与愿印，

图5-6 莫高窟第275窟 主室内景

图 5-7 莫高窟第 275 窟 北壁 毗楞
竭梨王本生故事画

交脚坐于双狮座上。有人认为这尊交脚菩萨像是弥勒菩萨，也有人认为是成佛
前的释迦菩萨、转轮王。南壁上部共开三龛，从西往东：一、二龛为阙形龛，
龛内各塑一身交脚菩萨，第三龛为双树龛，龛内塑思惟菩萨一身。三龛下部画
佛传故事中的出游四门。北壁上部亦开三龛，龛形及龛内造像同南壁，下部画
毗楞竭梨王本生、虔阇尼婆王本生、尸毗王本生、快目王本生和月光王本生等
5 个本生故事画。下面简要介绍一下毗楞竭梨王本生和月光王本生故事。

　　毗楞竭梨王本生故事讲的是：古代印度有一个国王，名叫毗楞竭梨，毗楞
竭梨王信奉佛教，想要习得佛法的真谛，他向全国宣布诏令：谁能讲得真经妙
法，就满足他的一切要求。有一个叫劳度叉的婆罗门教徒来到王宫门前说自己
可以讲法。国王非常高兴，亲自把劳度叉迎接到宫殿，敷设高座，为自己说法。

劳度叉说："我的佛法是多年苦学积累的，你若想听，就答应我的一个要求：你要在你的身上钉1000个铁钉。"国王听后当即慨然答应，并派遣使者普告天下：7天之后，毗楞竭梨王身上将被劳度叉钉1000个铁钉子。臣民百姓听到此事后，都云集宫门，苦苦哀求劝阻。毗楞竭梨王说："我在过去无数世中，为了众生，杀身过无数次，但这些都不是为求佛法，只有这次身钉千钉是为了求得佛道，我成佛以后，就让你们脱离苦海，你们就不要再阻挠我了。"在场的臣民百姓都无语对答。劳度叉念完佛法颂词，就在毗楞竭梨王身上钉了1000个铁钉。所有臣民百姓都以身投地，号啕痛哭，哭声震动了诸天神，诸天神一起向下观看，都被毗楞竭梨王为佛法献身的精神所感动。帝释天主降落到毗楞竭梨王面前，大加赞叹地问道："大王忍受痛苦，钉坏了身体，不悔恨吗？"毗楞竭梨王发誓说："我身钉千钉，只为求佛道，毫不后悔，若我至诚无二，就让我钉坏的身体恢复愈合。"话音刚落，他的身体就恢复如故。第275窟的画面主要表现了钉钉的场面，毗楞竭梨王坐在那里，一个人正举锤在王身上钉钉（图5-7）。

月光王本生讲的是：有一个大国，国王叫月光，住在跋陀耆婆城，乐善好施。有一天坐在宫殿中突然想到生死轮回周而复始，此世不种善因，来世不得善果，现在应该广修福田，于是将国中珍宝尽数放在城门边，任臣民百姓按需拿取。臣民及周边诸国无不称赞月光王德行美好，对他十分钦佩。当时近邻一个小国有个国王叫毗摩斯那，听说后十分嫉妒，以至寝食不安，暗暗想：不除掉月光王，别人是不会知道我的。于是他请来国内的外道，恭敬供养了3个月，请求他们为他除掉月光王。但这些人都很尊敬月光王，不愿做这样的事。后来，毗摩斯那在国内下诏说：如果谁为我除掉月光王，就把国土分他一半，并将女儿嫁给他。一个叫劳度叉的婆罗门前来应命，说愿意做这件事，于是劳度叉就前往月光国。这时月光国国内出现了种种不祥的迹象。后来劳度叉来到国王的宫殿前对国王说："我在远方，听说了您的美德，说您一切都可以布施，所以来到这里，想要求得您的布施。"月光王很高兴，对他说："您想要什么都可以，我一定会满足您的。"劳度叉说："身体布施会有福德之报，我远道而来，是想请您把头施与我。您一定要答应。"月光王答应7天后将头施与他。大臣们拿其他珍宝来换王头，劳度叉都不同意。7日后，月光王和劳度叉一起来到宫殿的后园，他让月光王向树长跪，把头系在1棵大树上，劳度叉数次砍王头都没有砍掉，原来是树神在阻止他。月光王对树神说：我前世已经施了999颗头了，再施1个头就功德圆满了。劳度叉再砍，头坠落在月光王手中。诸天悲痛。毗摩斯那王闻之惊喜过度，心裂而死，劳度叉后来也死在了回去的路上。此铺壁画中月光王坐在束腰座上，身前1人半跪，手托1盘，上面有

3颗头（图5-8）。

　　北凉三窟的实用功能十分明显。这与当时僧人重禅修与观像的修习方式关系密切。有学者认为北凉三窟在整体上是统一的。窟中所绘如月光王本生故事等也都是劝诫僧人要笃信佛法，只有舍生取义才能获得最后的圆满。

　　北凉石窟有禅窟和殿堂窟两种形制，集禅修、礼拜、讲经说法为一体。建筑形式为印度佛教建筑与中国传统建筑相结合，彩塑多为单体塑像，衣饰上装饰密集的衣纹，有薄纱透体之感。壁画内容有千佛、说法图、化生、本生、佛传、图案纹样及供养人像等。窟内的主题内容均为当时中国北方比较流行的弥勒信仰。所绘人物体态造型健壮，用晕染法来表现立体感，人物形象均以土红线起稿，赋色后以深墨铁线定型，线描细劲有力，西域人与汉人兼有，艺术风格以印度与西域为主，也糅入了中原风格。

图5-8 莫高窟第275窟 北壁 月光王本生故事画

六、东阳王、建平公与中原新风格

◎ 邰惠莉

东阳王元荣和建平公于义是莫高窟营造史上的两位重要人物，北朝时先后任瓜州刺史，在敦煌佛教史上留有"乐僔、法良发其宗，建平、东阳弘其迹"的佳话，开创莫高窟营建史上"刺史建平公、东阳王等各修一大窟"的壮举。对敦煌石窟的传承发展做出过贡献。

东阳王元荣与西魏时的敦煌

北魏在敦煌设立军镇，统辖酒泉郡、张掖郡、晋昌戍等，领地空前扩大，河西西端的政治中心从酒泉再次移向敦煌。北魏初期，敦煌处于西北边境的游牧民族柔然和西南吐谷浑的夹缝中，柔然多次侵扰敦煌，曾一度出兵围攻敦煌，骚扰虽都被敦煌镇将尉多侯、乐洛生等击退，但边境形势的危机状况使朝廷产生放弃敦煌的念头，转而退守凉州。给事中韩中竭力反对，指出敦煌是经营西域的基地，是北魏的西大门，放弃敦煌将威胁北魏的统治。孝文帝增派镇都大将，加强敦煌军防，敦煌终得保全。这时，居住在阴山南北的游牧民族高车逐渐强大，与柔然为敌。柔然在北魏与高车的夹击下衰落，敦煌边境危机得以缓和。明帝孝昌年间罢敦煌镇置瓜州，敦煌领地缩小，军事地位下降，局势重新变得动荡。为了加强对敦煌的控制，皇族元荣出任瓜州刺史，子元康、女元法英、婿邓季彦随同赴任。元荣，又称元太荣，魏元明帝四代孙。北魏明帝孝昌元年（525年）以使持节、散骑常侍、都督领西诸军事、车骑大将军、开府仪同三司的身份出任敦煌刺史。永安二年（529年），北魏孝庄帝"封瓜州刺史元太荣为东阳王"。

东阳王执政敦煌时，正是北魏王朝分裂动荡的时期。北方边镇爆发六镇起义，关陇地区的氐、羌、胡各族人民也举兵响应，六镇起义、关陇起义坚持武装斗争长达8年，席卷北方大片地区，极大地动摇了北魏王朝的统治基础。动乱中，契胡酋长尔朱荣为首的北镇豪族逐渐强大。在统治阶层内部，争权夺利矛盾重重，孝明帝母胡太后为独揽大权毒杀孝明帝，引起朝臣不满。尔朱荣以此为由，立元子攸为帝，领兵攻进洛阳，沉胡太后于河，围杀王公大臣2000余人，史称"河阴之变"。后庄帝伏杀尔朱荣，尔朱荣侄尔朱兆杀庄帝，局势更加混乱。尔朱兆擅权后，地方武装势力纷纷割据，前往镇压各地起义的高欢、宇文泰两大军事集团乘机壮大力量，扩张地盘。公元534年，高欢、宇文泰矛盾激化，各自拥立傀儡皇帝，北魏分裂为东魏、西魏，敦煌转为西魏统治，东阳王元荣继续留任瓜州刺史。

关陇起义中，河西的凉州也"据州反"。元荣以皇室宗亲身份独自镇守敦煌，任命令狐整为主簿，加荡寇将军。令狐氏是敦煌豪门大姓，"世为西土冠冕"。令狐整曾祖、祖父都做过郡守，

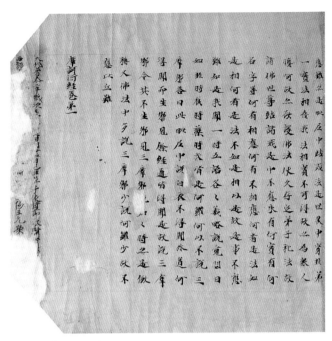

图6-1 东阳王元荣写经

父亲令狐虬历任瓜州司马、敦煌郡守、郧州刺史等。令狐整沉稳有谋略，很得东阳王赏识，认为是"西州令望，方城重器"。孝武帝西迁，陇右河西骚乱，东阳王依靠令狐整的协助，得以保境安民。正是依靠当地豪族的支持，敦煌才得以在中原战乱不断、社会生产力遭受破坏的局面中，保持相对稳定，经济持续发展。

北魏以佛教立国，统治者大多信佛，在"天地妖荒，王路否塞，君臣失礼"的情况下，元荣更是潜心向佛，大兴佛事，不但开窟造像，而且抄写了大量佛经，以祈求佛祖天王佑护，以使"四方附化，恶贼退散，国丰民安"（图6-1）。

敦煌遗书中有元荣抄经题记的经卷12件，与元荣有关的3件，共15件。元荣抄写佛经种类多样，数量巨大，从写经题记可知抄有《仁王般若波罗蜜经》300部，《无量寿经》《大般涅槃经》《贤愚经》《大云经》《法华经》《观佛三昧经》《袒持》《金光明经》《维摩诘经》《药师经》各一部合100卷。元荣热心佛事活动，除自己、属僚及亲友大量抄经外，也利用官方写经生抄经。元荣不仅抄施佛经，更以实物布施寺院，大做法事。曾舍身寺院，又以钱为自己及家人奴仆赎身，惠及六畜，所施钱物也尽用以造经。

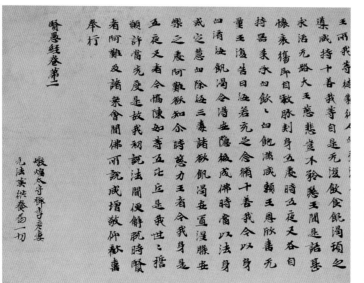

图6-2 元法英抄经题记

元荣自己施写的佛经全部为梵天王、帝释天王、毗沙门天王等做功德。天王是佛国世界的护法神，元荣希望天王的护佑能改变"灾妖横发，长蛇竞炽"的战乱现状，期望"天子中兴"时代的再现，祈愿"元祚无穷，帝嗣不绝"，元氏统治得以长久。随东阳王来到敦煌的官员尹波为东阳王抄写的佛经愿望就更为明确，盼望"九域早清，兵车息甲。戎马散于茂苑，干戈辍为农用"，祝愿东阳王福体安康，能保境安蕃，以期早日返回京城。

尔朱兆、高欢擅权，胡琛、万俟丑奴关陇起义是最为混乱的时期，也是元荣抄经最为勤勉之时，大部分有题记的写经集中在永安三年（530年）至永熙二年（533年）间，此时，已是元荣暮年，且"年老疹患""屡婴重患"，局势混乱加之病痛交加，使得他更是虔心向佛，在佛国乐土中寻找心灵的平静。

元荣在西魏大统八年（542年）卒于任上，敦煌大族推举他的儿子元康继任瓜州刺史，元荣的女婿敦煌太守邓季彦杀元康自任刺史（图6-2），此举引起敦煌豪族百姓强烈不满。西魏派申徽到敦煌平定叛乱，申徽依靠令狐整、张穆的内部策应，设计活捉邓季彦，解押回朝。宇文泰任命令狐整为都督，掌管敦煌军事。大统十二年西魏任成庆为瓜州刺史，未及一年，敦煌人张保杀成庆自立，晋昌人吕兴杀郡守郭嗣响应张保，并勾结凉州刺史宇文仲和反叛西魏，河西陷入动乱之中。令狐整入玉门郡，招兵勇讨伐张保，先攻晋昌杀吕兴，再率义军攻敦煌，张保弃城投奔吐谷浑。平定张保之乱后，在朝廷新派的瓜州刺史尚未到敦煌之前，令狐整谢绝了郡人推举他为瓜州刺史的倡议，推举出使波斯的使团首领张道义代行瓜州事务，直到朝廷派申徽到敦煌任瓜州刺史。自元荣辞世至申徽出任瓜州刺史的5年时间里，以令狐整为首的敦煌豪族对稳定敦煌局势、维护西魏统一、保障朝廷在敦煌的统治做出了积极努力。

元氏是北魏宗室，在北魏、西魏时很得朝廷信任，几代人都被委以保土安边的重任。元荣父元范任"使持节、都督秦雍泾凉益五州诸军事、开府仪同三司、卫大将军雍州刺史"，坐镇长安，伯父元丕坐镇凉州，侄元良为长安镇都大将雍州刺史，侄孙元静为张掖太守，侄重孙元均之赠平西将军瓜州刺史。元氏一族五代均为西部重臣，为河西的稳定发展做出了贡献。

东阳王窟

莫高窟现存西魏洞窟11个，洞窟形制齐全。中心塔柱窟有第288、246、432窟，其窟形为人字披中心柱，中心柱四面上下两层开龛，塑释迦禅定、苦修、降魔、说法相。南北壁上层开阙形龛，塑交脚菩萨象征兜率天宫。值得一提的是北魏第259窟是一种由中心柱窟向殿堂窟过渡的窟形，中心柱直接与西壁相连，柱身正面开龛，塑释迦、多宝二佛并坐说法像，南北两壁各开四龛，塑禅定佛，为西魏及后期洞窟正壁开龛供养多身佛像的殿堂式窟形的过渡开了先河。禅窟，第285窟为其代表窟。殿堂窟，亦称覆斗顶窟，平面多呈正方形，正面开龛造像，窟内空间开阔，便于集聚信众宣讲佛经和观瞻佛像，最早出现在北凉第272窟。西魏殿堂窟有第249、247窟。还有一种龛形窟，体积小，无龛像，为禅修观像所用。禅定观像是这一时期佛教的主题思想。

开凿于西魏初年的第249窟（图6-3），覆斗形殿堂窟。窟顶西披画帝释天王所居须弥山

图6-3 莫高窟第249窟 内景

及山顶喜见城，须弥山两侧画雷公、风神、雨师、朱雀、羽人等汉民族传统题材。南北两壁是中国传统神话传说中的东王公和西王母，用以表现佛教帝释天和帝释天妃（图6-4）。艺术风格上，与西域凹凸画法一同出现的是褒衣博带、秀骨清像、飘然若仙的中原艺术手法，中国传统神话人物从墓室壁画进入洞窟壁画，为佛教艺术增添了新的内容。服饰上大冠高履、褒衣博带的汉族衣冠出现在菩萨身上。这种明快的中原风格让人很容易联想到是东阳王从中原带来的。而此窟鲜明的帝释天王供养内容，似与东阳王大量抄写供养天王经卷有关。有学者推测此窟或即是东阳王窟。

第285窟，因有大统四年、五年（538、539年）内容的榜题，是莫高窟早期洞窟中唯一有纪年题记的洞窟，开凿于元荣治理敦煌晚期，也有学者据此推测此窟为东阳王窟（图6-5）。第285窟为禅窟。主室西壁开三龛，南北壁各开凿四个小禅室，供僧侣坐禅修行。窟顶为覆斗形华盖式藻井，四披传统题材与佛教图像相结合组成非常拟人化的早期天象图（图6-6）。西壁为印度教神灵。南壁和东北壁全部是佛教题材。南壁上段画莫高窟第一幅500强盗成佛故事。南壁中段化跋提长者姊缘和度恶牛因缘都是莫高窟的孤品。四禅室间画

图6-4 莫高窟第249窟 窟顶南披 西王母

图6-5 莫高窟第285窟 内景

图6-6 莫高窟第285窟 窟顶东披

沙弥守戒自杀因缘故事。第285窟是中西艺术手法交融，佛教、印度教与中国传统神话题材完美结合的洞窟。中西两种不同的审美思想形成两种风格迥异又相互交融的艺术风格。

东阳王治理敦煌17年，《李君莫高窟佛龛碑》明确记载东阳王修一大窟，这期间开凿的洞窟或多或少都有他参与或得到他的支持，西魏洞窟中流露的中原王朝的气息也让人随处可感受到东阳王在敦煌的影响力。

建平公于义与北周时的敦煌

北周是宇文泰第三子宇文觉于557年废魏自立所建的政权。北周立国后加速了统一的步伐，在内政经济军事等方面进行了一系列的改革。建立计账和户籍制度，保证政府收入；推行均田制，改善国家的经济状况；建立府兵制度，强化国家力量；武帝的灭佛在一定程度上抑制了寺院大量侵占土地，众多僧侣还俗也弥补了政府兵源的不足。北周积极经营西域，丝绸之路再度繁荣。经过一系列改革措施，北周国力大增，于577年灭北齐统一北方。

北周时，敦煌大姓令狐氏、京兆望族韦氏、陇西李贤、建平公于义等先后执政敦煌。敦煌社会安定，经济发展，佛教昌盛。

于义（533—583年），字慈恭，祖居代（即山西），父于谨跟随魏文帝入关，官至太师，举家迁京兆，遂定居河南，以洛阳为原籍。于义出身鲜卑"勋著当世"的八家贵族之一的勿忸于氏，北魏孝文帝汉化改革时，变胡姓勿忸于为汉姓于。

于义年少时沉稳守节，笃志好学。西魏大统末年，以父荫走上仕途，任直阁将军。北周闵帝时，升迁安武太守。在任期间，以德化育民，不主张严刑峻法。郡民张善安、王叔儿因为财产纠纷，官司打到郡府衙门。于义深为自责，认为是自己未尽到太守职责，没有教化好郡民所致。他拿出自己的财产，双倍于诉讼的数目分给两人，劝他们和睦相处，化解了这次矛盾。张王两人心中有愧，后移居他乡。通过这件事，郡里的风气有了很大的改变。于义以德服人，治郡有方，朝廷封其为建平公。于氏一门封建平公始于其祖父于提，因于义的父亲于谨功勋著世，朝廷追赠其祖父为建平公，后代多袭封此爵，至初唐于义长孙于永宁、曾孙于元祚均袭建平公爵。

北周明帝、武帝时，于义一直在地方为官，历任邵州、瓜州、西兖州刺史。周宣帝时，统治阶层淫奢无度，政治腐败，刑法松弛，阶级矛盾、民族矛盾激化。建平公上疏力陈时弊，此举惹怒了当道权臣郑译、刘昉，他们认为是有意同自己作对，抢先向宣帝进谗言，宣帝大怒，欲置于义诽谤朝廷罪。御正大夫颜之仪以古代贤明圣君在朝中置诽谤木敢谏鼓来求直言的例子劝谏宣帝,于义才未被治罪。公元580年,周宣帝病死,即位的周静帝仅8岁,外戚杨坚以大丞相身份独揽军政大权。益州总管王谦起兵反对,杨坚询问高颖领军人选,高颖推荐于义,也遭到刘昉反对。最终杨坚以梁睿为元帅,于义为行军总管出兵征伐。于义率部击溃据开远的王谦大将达奚暨部,平定叛乱。于义因"数从征伐,进位开府",被封潼州总管,得到朝廷财物奴婢的赏赐。一年以后因病辞官回到京师,开皇三年(583年)病死,终年50岁。

于氏自入仕北魏,历西魏、北周、隋至初唐,世代官宦,至隋末唐初一门十大将军,声势显赫。《隋书·于义传》记于氏一门"时义兄翼为太尉。弟智、兄子仲文并上柱国。大将军以上十余人,称为贵戚"。于义弟于智宣帝时拜凉州总管、大司空。于义子于道宣在唐初赠使持节都督凉肃甘瓜沙五州诸军事、凉州刺史,孙于志宁唐初封敦煌郡公。于氏一族既深得中央王朝的信任,又长期在地方为官,与地方豪族渊源深远,在朝廷和河西都有很大影响,是代朝廷牧使河西最好的人选。

建平公窟

于义任瓜州刺史的时间,大约在保定五年至建德五年(565—576年)间。于义留名莫高窟营建史就是在刺史敦煌期间,大兴佛教,继续敦煌开窟造像的传统,在莫高窟开凿一大窟。于义在敦煌广兴佛教,全力开窟造像时,正赶上周武帝建德三年(574年)开始的灭佛运动。周武帝的这次灭佛相当坚决,影响较大,灭佛诏书普令天下,敦煌佛教也受到一定程度的冲击,瓜州城东的阿育王寺和沙州城的大乘寺均毁于这次灭佛。但这次灭佛发生在武帝在位最后4年,加之瓜州偏远,因而对敦煌佛教产生的影响不是很大,敦煌佛教开窟造像风气并未全部中断。这时建平公"修一大窟"可能已经完工。

莫高窟现存北周洞窟16个。从现存北周洞窟的规模、艺术水平综合考察,当前较多的学者认为建平公窟为第428窟(图6-7)。第428窟有供养人画像近2000身,中有"晋昌郡(今瓜州)沙门比丘庆仙供养"的榜题。庆仙其人还见于敦煌遗书S.2935号,是庆仙在天和四年(569年)为永晖寺尼智宝抄写《大比丘尼羯磨经》的题记。因此,庆仙在敦煌活动时间,正是建平公任瓜州刺史时。

北周时期敦煌莫高窟艺术的特点是:佛教已从前期强调静坐苦修到更重视佛教义理的研修和宣讲,此一时期供禅修的禅窟已不再出现,入塔观像的中心柱窟数量也有所减少,适合开道场宣讲佛义的殿堂窟大量出现。塑像出现一佛二弟子二菩萨的组合,壁画中也多这种组合的说法图。故事画题材数量增多,

图 6-7 莫高窟第 428 窟 内景

儒家忠孝的思想杂糅在佛教本生因缘画中。代表性作品有第296窟《微妙比丘尼因缘》《善事太子入海因缘》《须阇提本生》，第299窟《睒子本生》，第428窟《须达拿本生》《独角仙人本生》《梵志摘花坠命缘》等。表现形式多样，构图出现了凹字形、波浪形、之字形、S形的叙事结构。故事画除四壁外，还出现在人字披或窟顶上。供养人画像大量出现，从侧面反映了北周佛教的群体参与盛况。

　　第428窟是莫高窟最大的中心塔柱窟；也是莫高窟现存影塑千佛最多的洞窟，北西南三壁上部绕窟一周五排影塑千佛，有1485身；更是莫高窟供养人画像最多的洞窟，下层一周为供养人画像，多达1198身（图6-8）。西壁释迦多宝二佛并坐图、涅槃图和五分法身塔。南壁卢舍那法界图。因缘故事和本生故事绘于东壁窟门两侧，南侧萨埵太子本生；补白处绘独角仙人本生和梵志摘花坠死因缘，这两个故事为莫高窟壁画孤品。北侧绘须达拿太子本生，是莫高窟乃至全国面积最大的本生故事画。

　　第428窟洞窟窟型宏大，题材丰富，构图严谨，随喜供养者众多，处处体

图6-8 莫高窟第428窟 中心塔柱北面 供养人一组

图6-9 莫高窟第428窟 卢舍那佛

现着窟主的社会地位。供养人画像中，僧尼人数过半，也是北周时敦煌佛教昌盛、僧尼众多的真实写照。

随着北方民族大融合和南北文化交流，北周壁画呈现明快活泼、蓬勃上扬的艺术新风格。人物造型融中原的秀骨清像与西域的丰满形象呈现"面短而艳"特征，印度凹凸法与中国画晕染法相结合形成新的晕染法。第428窟的佛国人物，更多地使用西域的画法，人物脸部颜色氧化后形成的白鼻子、白眼睛、白下巴的三白脸或五白脸，呈现很强的立体感（图6-9）。故事画继承中原风格，佛国人物则以西域技法表现，东西两种风格逐步融合。

七、隋炀帝西巡

◎ 齐双吉

在中国神话传说中，有周穆王巡游天下的故事。周穆王驾着8匹骏马所拉的神车，腾云驾雾般神游了华夏世界，尤其是他在西方世界的昆仑山上见到了他日思夜想的西王母，更是他的浪漫之旅。史书记载，秦始皇帝二十七年（前220年），即秦统一后的第二年，"始皇巡陇西、北地"，到了甘肃的陇西一带。而在中国历史上，还有一位皇帝西巡中国西部，他就是隋炀帝，他的足迹则到了河西走廊的张掖。

西巡缘由

隋朝建国前后，西部边疆很不稳定，不断地受到突厥、吐谷浑等民族的骚扰。突厥分裂后分为东西两部，东突厥主要控制着蒙古草原，与隋的关系比较缓和，臣属于隋王朝；西突厥的疆域横跨天山南北，雄踞中亚，是西域广大地区的霸主。吐谷浑则占据今青海大部、南疆等广大地区。西突厥与吐谷浑南北夹击，控制了沟通东西方交流的丝绸之路。从汉代以来，河西走廊一直是中外贸易的中转和贸易中心之一，中国的丝绸、瓷器、茶叶等商品经过河西走廊、新疆才能远销到大夏（今阿富汗北部兴都库什山与阿姆河上游之间）、安息（今伊朗）、大秦（罗马）及地中海沿岸的广大地区；外国的商人也要经过这里才能将货物运抵中原。为了解除西部边患，加强与西域的联系，畅通丝绸之路，开展商品贸易，隋王朝开始重视对西域的经营。

隋炀帝派司隶从事杜行满和云骑尉李昱出使西域。杜行满一直到了中亚两河流域的昭武九姓国考察访问，每到一国都受到热烈的欢迎，他把在那里获得的佛经、玛瑙杯、火鼠毛、狮子皮、五色盐及美女带回国内；李昱则到了波斯（今伊朗）进行了友好访问。作为礼尚往来，波斯国王也派使者到隋"朝贡"和回访。当时，西域许多国家的商人都到河西走廊的甘州（今张掖）与隋进行商品交流和贸易，隋炀帝专门派黄门侍郎裴矩前往张掖主管互市贸易。裴矩多次往来于甘州、凉州（今武威）、沙州（今敦煌），大力招徕胡商前往长安、洛阳等地贸易。裴矩不仅招徕西域各族商人前往内地贸易，还亲自询问各地商人，把了解到的西域44国的山川、道路、风俗、姓氏、酋长、服装、物产、典章制度等方面的情况，汇编成图文并茂的《西域图记》3卷。

在《西域图记》序言中，详细记载了当时通往西域的三条道路：发自敦煌，至于西海，凡为三道，各有襟带。北道（又叫新北道）从伊吾（今哈密），经蒲类海铁勒部（今巴里坤）、突厥可汗庭（碎叶，今托科马克）、渡北流河水（今锡尔河和阿姆河），达于西海（地中海）；中道从高昌（今吐鲁番）、焉耆、龟兹、疏勒，度葱岭至跋汗（今费尔干纳）、康国（撒马尔罕）、安国（布哈拉），至波斯（今伊朗），达于西海；其南道从鄯善、于阗、羯盘陀（今塔什库尔干），度葱岭，又经吐火罗、愊怛（今阿富汗北境）、帆延（今阿富汗米安）至北婆罗门（今巴基斯坦），达于西海（印度洋）。……故知伊吾（今哈密）、高昌（今吐鲁番）、鄯善（今若羌）并西域之门户也。总凑敦煌，是其咽喉之地。这是我国史书中最早、最系统地对丝绸之路的记载，从中了解到当时的敦煌在中西交通贸易上所处的枢纽地位。

裴炬把《西域图记》呈现给隋炀帝，引起了隋炀帝的极大兴趣，炀帝每日召见裴炬，详细询问丝绸之路沿线及西域各国的情况。经过精心的准备后，"帝（隋炀帝）于是慨然慕秦皇、汉武之功，甘心将通西域"。

西巡进程

大业五年（609年），隋炀帝率领大批军队、文武百官、宫廷后妃、僧尼道士及乐舞百戏计几十万人马从京都长安浩浩荡荡地出发了。行军的路线是大批人马沿渭水西行，过扶风（今陕西凤翔），越陇山，到天水郡，过陇西（今甘肃陇西），到狄道（今甘肃临洮），渡洮河西行至临津关（又名积石关，今甘肃炳灵寺石窟西），渡黄河后沿黄河西进至西平郡（今青海省海东市乐都区），又辗转西行至长宁谷（今青海省西宁市北川），后北上越星岭，穿琵琶峡（今青海门源），又艰难穿越祁连山大斗拔谷（今甘肃省民乐县扁都口），最终到达张掖（图7-1）。

西巡中，隋炀帝入吐谷浑控制地，部署几路大军，在祁连山和大通山之间的狭长地带，经过了几场大型的对吐谷浑的合围，吐谷浑部分被俘虏，部分率残部逃走，部分缴械投降。隋炀帝对吐谷浑的征讨大获全胜，解除了吐谷浑对隋边境和丝绸之路的威胁。

在隋炀帝西巡途中所经的许多地方，留下了很多记载和传说。相传，4月，西巡队伍到达渭水源品泉鸟鼠山，一座雄伟壮观的庙宇前三眼清泉汩汩涌出地面，形成一个"品"字，品泉一青色巨石上刻了一联"云根抱幽石寒泉穿地脉"，隋炀帝触景生情，也自拟了一下联"地干纪灵异同穴吐洪流"。隋炀帝经过番

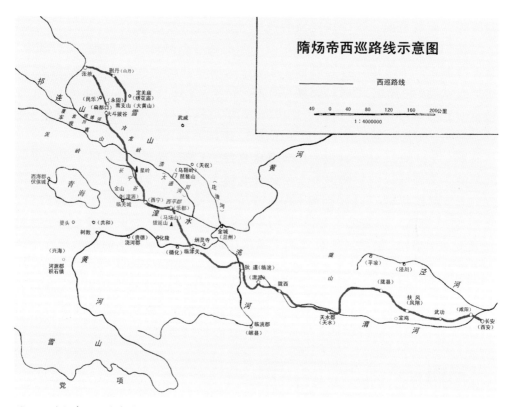

图 7-1 隋炀帝西巡路线图

和县（今永昌县）时，亲自到北山的瑞相寺礼拜，并改瑞相寺为"感通寺"
〔据1995年武威出土的《凉州御山石佛瑞相因缘记》载：开皇九年（589年）
凉州总管燕国公谒寺礼拜。大业五年（609年）炀帝驾还幸之，改为"感通寺"〕。

　　西巡队伍在穿越大斗拔谷时，时令正值6月，气候却突然变冷，来自中原
内地的西巡队伍毫无御寒准备，冻死了很多人马（人马冻死者大半），"后宫
妃、主或狼狈相失，与军士杂宿山间"，就连随行的隋炀帝的亲姐姐乐平公主、
北周宣帝宇文赟的天元皇后杨丽华也被活活冻死在大斗拔谷，红颜凋零，只能
长眠于此。现在的扁都口的北坡上有一座低矮的土丘，据说就是当年葬杨丽华
的坟墓，被当地人称为"娘娘坟"。

　　"肃肃秋风起，悠悠行万里。万里何所行，横漠筑长城。岂合小子智，先
圣之所营。树兹万世策，安此亿兆生。讵敢惮焦思，高枕于上京。北河见武节，
千里卷戎旌。山川互出没，原野穷超忽。撞金止行阵，鸣鼓兴士卒。千乘万旗
动，饮马长城窟。秋昏塞外云，雾暗关山月。缘严驿马上，乘空烽火发。借问
长城侯，单于入朝谒。浊气静天山，晨光照高阙。释兵仍振旅，要荒事万举。

饮至告言旋，功归清庙前。"这就是隋炀帝在西巡途中写下的著名诗篇《饮马长城窟行》，依次抒写了万里远征的艰难，征伐吐谷浑的必要，将士奋勇杀敌、誓死靖边的决心与场面和西巡胜利回朝的期望。"通首气体强大，颇有魏武之风"，这是后人对这首诗的评价。隋炀帝在中国文学史上占有重要的地位，后人对他的诗词评价很高，这从他的《饮马长城窟行》可窥一斑。

焉支山和"万国博览会"

　　焉支山，又名胭脂山，位于今甘肃省山丹县境内，即现在的大黄山。在古代既是水草丰美的原始牧场，又是河西走廊天然的军事交通要道。汉代霍去病征讨匈奴时屯兵焉支山前北面的霍城，曾大破匈奴，全胜而归，使匈奴势力退出河西。史书记载："骠骑将军霍去病将万骑，出陇西，过焉支山千有余里。"此后匈奴哀伤地唱道："失我焉支山，使我妇女无颜色；失我祁连山，使我六畜不蕃息。"相传，焉支山生产一种凤仙草，又称胭脂草，是上等名贵的染织颜料，匈奴妇女曾用这种颜料印染出五颜六色的美丽服饰。后代的野史曾记载："北方有焉支山，山多红蓝草，北人取其花朵染绯，取其英线著作胭脂。"粗犷豪放的匈奴妇女因失去焉支山而黯然失色；祁连山终年充足的雪水使祁连山区草肥马壮，剽悍勇猛的匈奴骑兵因失去了放牧地日趋没落。唐代大诗人李白在《幽州胡马歌》中吟诵道："虽居焉支山，不道朔雪寒。妇女马上笑，颜色如玉盘。翻身射鸟兽，花月醉雕鞍。"古籍史书中也常以"北地胭脂"指代北方的漂亮女人，后人也常用"胭脂"代指妇女。莫高窟精美绝伦的千年壁画绝大部分运用矿物质颜料绘制而成，但也使用了很多植物颜料，其中就有焉支草提纯后制成的颜料。焉支山曾因和牛羊、粗犷、彪悍、战争、女人、美丽以及匈奴等联系在一起，充满了遥远而又神秘的色彩。

　　隋炀帝到达了张掖〔"断匈奴之臂，张中国之掖（腋）"〕，登焉支山，高昌（今新疆吐鲁番）王麹伯雅及王子麹文泰、伊吾（今新疆哈密）吐屯设（设，是突厥可汗在他的臣属地设立的一种管理的官职）和西域27国使臣夹道参见隋炀帝，各国商人也都云集于此，与会的各国使节、商人佩金玉，被锦罽（用毛做成的毡子一类的东西），焚香奏乐，歌舞喧噪，武威、张掖的老百姓个个都盛装打扮，列队迎接，几十里路上，车水马龙，人流滚滚。由于有20多个国家的商人云集于此进行国际性的商品交易，所以后人把这次盛会称为"万国博览会"。博览交易会共持续了6天。交易会结束后，隋炀帝又在吐谷浑故地设置西海（古伏俟城，今青海湖东岸）、河源（古赤水城，今青海共和县西）、鄯善（古楼兰城，今新疆若羌）、且末（古且末城，今新疆且末南）四郡，下置

8县，历史上第一次把青海的大部分地区正式纳入了中原王朝的行政区划。随后，伊吾吐屯设等向隋炀帝献西域数千里之地表示臣服，隋炀帝又置伊吾郡，共计五郡。河西"五郡"的设立加强了隋对西部地区的管理。

大业四年至大业五年（608—609年），隋炀帝命令玉门道行军大将薛世雄至伊吾（今哈密）建城，并命令裴炬随行一同前往。裴炬一行到达伊吾后向西域各个国家说：你们把商品运送到内地和我们交易起来路途太遥远了，所以在伊吾修建一座城用来交易商品。（"交易悬远，所以城伊吾耳。"）赢得了当地人的支持。薛世雄修建的新城位于汉朝修建的旧伊吾城的东边，被称为新伊吾城。新城驻扎了1000多名士兵，屯田戍边。

我们都知道唐太宗李世民被突厥人称为"天可汗"，但很少知道隋炀帝杨广被突厥人称为"圣人可汗"，"自天以下，地以上，日月所照，唯有圣人可汗。今是大日，愿圣人可汗千岁万岁常如近日也"。其实，早在隋开皇年间突厥人就把隋文帝杨坚称为"圣人可汗"，"大隋圣人莫缘可汗怜养，百姓蒙恩，赤心归服，或南入长城，或住白道。染干如枯木重起枝叶，枯骨重生皮肉，千世万世，常与大隋典羊、马也"，表达对隋的臣服，由此可见隋代的强大。

从连珠纹和高昌乐窥探隋代的文化融合

据史书记载，波斯（今伊朗）国王曾经给隋炀帝上贡了一件波斯锦袍，隋炀帝非常喜欢，便找来能工巧匠何稠要求他仿造，而何稠仿造的波斯锦袍，无论从质量、花色或色彩上都超越了波斯王所献的锦袍。莫高窟第427窟主室北壁的胁侍菩萨，穿着环形连珠狩猎纹的锦袍（图7-2）。第420窟佛龛内菩萨长裙上装饰有环珠狩猎纹（图7-3），第402、425窟有连珠翼马纹，第401窟有连珠莲花纹，第277窟为环珠有翼对马纹。从装饰纹样看，隋代洞窟有一种浓郁的异域气息。这种波斯绫锦装饰花纹的出现，应与隋炀帝经营西域、发展对外贸易、开展对外文化交流、打通丝绸之路有着必然的联系。

连珠纹曾是波斯萨珊王朝时期的典型纹样之一，东晋时期传入我国新疆地区，隋唐时期成了我国典型的装饰纹样，在敦煌隋唐石窟中则大放异彩。它的特点是：以彼此相连的珠子组成或圆形或方形或菱形或直线形的连珠圈，把主题纹样围在中间。在纪元前，西亚及其以西的地区的金银币上常常有用连珠纹环绕国王头像的图案。此后，这种纹样的运用范围逐渐扩大，陶器和织物上也常能见到。"波斯连珠纹中的圆珠象征着太阳、世界、丰硕的谷物、生命和佛教的念珠。"

隋代大业六年（610年），西域各国为了庆贺胜利归来的隋炀帝，许多国

莫高窟史话

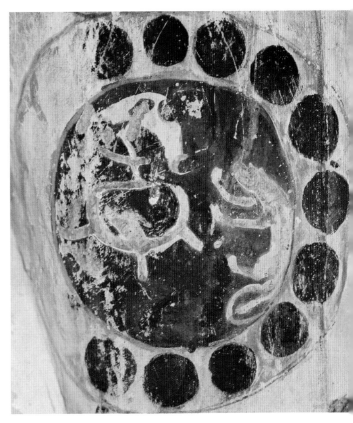

图7-2 莫高窟第427窟 主室北壁东侧的 菩萨衣裙

图7-3 莫高窟第420窟 菩萨服饰中的连珠狩猎纹

王、王子亲自（"突厥启民以下，皆国主亲来朝贺"）到长安向炀帝朝贺，并大献方物。此间，高昌国王派遣了一个高昌乐舞团到京城长安献艺，乐舞团带来的《圣明乐曲》使长安朝野为之倾倒，隋炀帝命令宫廷乐队学习排练《圣明乐曲》，著名的高昌乐传入中原。唐太宗灭高昌叛逆后，又把大量的高昌艺人带到京城，并设《高昌乐》和《燕乐》，废除了原九部乐中的《文康乐》，使唐代宫廷乐达到了 10 部：燕乐、清商、西凉乐、天竺乐、高丽乐、龟兹乐、安国乐、疏勒乐、康国乐、高昌乐。《旧唐书·音乐志》记载："《高昌乐》，舞二人，白袄锦袖，赤皮靴，红抹额。乐用答腊鼓一，腰鼓一，鸡娄鼓一，羯鼓一，箫二，横笛二，筚篥二，琵琶二，五弦琵琶二，铜角一，箜篌一。"高昌乐的乐工和舞人都是本土化高昌人打扮，乐器中铜角是高昌地方吹奏乐器，箫和腰鼓是中原乐器，其他的都是来自印度、波斯的乐器。《高昌乐》博采众长、兼收并蓄的特点，赢得了中原观众的喜爱。为了展示中原文化的无穷魅力，隋炀帝命令在洛阳"天津街盛陈百戏，自海内凡有奇伎，无不总萃"。《隋书·音乐志》记载了当时的情形："……以绳系两柱，相去数丈，遣二倡女，对舞绳上，相逢切肩而过，歌舞不辍，又为夏育扛鼎，取车轮石臼大瓮器等，各于掌上而跳弄之，并二人戴竿，其上有舞，忽然腾透而换易之。"各种歌舞、杂技精彩纷呈。现在，我们也能从莫高窟的壁画中探寻到当时所流行的歌舞百戏的一些踪迹。莫高窟第361窟（南壁东侧）、第9窟（西壁）、第85窟（窟顶东披）、第156窟（窟顶东披）、第61窟（南壁）等都有古代"百戏"中的"橦枝图"，早在北魏时期的第251窟（窟顶）、西魏第249窟（窟顶东披）等就有"百戏"中的"倒立图"。

隋代莫高窟的开窟造像活动

由于隋炀帝的西巡，西部边陲得到了安定，使丝绸之路全线畅通，从河西走廊到长安、洛阳的商贾使者络绎不绝，隋与西域的交往和丝绸之路的贸易达到了新的繁荣。丝绸之路贸易的繁荣促进了文化交流上的繁荣，地处丝绸之路咽喉要道的敦煌莫高窟迎来了石窟营建的黄金期。隋王朝虽只有短暂的37年时间，但莫高窟新开凿的石窟达101个，重修北朝时期的洞窟5个，现存壁画、塑像完好的石窟多达近80个，每年以两个多月的速度如此密集地开凿石窟的朝代，在莫高窟只有隋代（图7-4）。

隋文帝和隋炀帝两代帝王都崇信佛教，大力推行佛

图7-4 莫高窟第276窟 北壁 菩萨

教的开窟、造像、写经、起塔活动，促进了佛教全国性的发展。隋文帝出生在一座尼姑庵里，从小由一位叫智仙的尼姑抚养长大，他的小名叫罗延，就是佛教中护法神"金刚"的意思，他从小就与青灯古佛相依为伴，他的精神世界的构筑上很大一部分来源于佛教，他后来做了皇帝曾说："我现在得到的这一切都是佛祖给予我的。"所以他非常虔诚地信仰佛教，后被人尊称为"转轮圣王"。

隋炀帝杨广早在江都受戒时，已经跟随高僧学习《法华经》，当他身为皇太子后，即在京城大兴城内修建日严寺，招徕南北方高僧大德（北方的如法显、彦琮、慧常等，南方的如智脱、法澄、道庄、吉藏等）聚集日严寺弘扬佛

图7-5 莫高窟第303窟 内景

法，并组织高僧进行译经工作；做了皇帝后，又在东都洛阳的上林苑设置翻译馆，从事佛经的整理、翻译工作。仅隋炀帝一人抄写的《法华经》就达1000部。隋炀帝被人称为"住持菩萨"，他的母亲受戒后也被称为"妙善菩萨"。隋代37年中，造塔寺5000座，塑像数万身，专职僧尼50余万人。敦煌莫高窟藏经洞甚至发现了隋王朝皇室成员的写经，这可能与隋王朝对河西的经营及隋王朝佛教的繁荣有关。莫高窟也得到分送的舍利，在崇教寺起塔供养。

在最高统治者的倡导下，莫高窟的开窟造像活动也达到空前的规模。

隋代，莫高窟出现了一种以倒立须弥山为中心柱的中心塔柱窟。虽然它也是中心塔柱窟，但外形更特别，第302、303窟都是这种形制（图7-5）。洞窟

的主室正中的下部有一个大型方坛，方坛上有倒立的须弥山塔柱直通窟顶，中心柱前部窟顶是人字披，中心柱后部是平基。也许，这种形制更能代表中心塔柱窟的真正含义。

佛祖释迦牟尼80岁高龄时，在游化的途中得了重病，当他来到拘尸那迦城（今印度联合邦迦夏城）外河边的一片茂密的娑罗林时，感到体力不支，便在两棵娑罗树之间卧了下来，头朝北方，右胁而卧。众弟子预感到佛祖即将"涅槃"，无所适从，释迦牟尼则安慰大家说："佛是永存的，法是无边的，我灭度之后，你们以法为师，精进修行。"说完不久便涅槃了。释迦牟尼生前既反对祭祀，也反对偶像崇拜，他所创立的佛教是一种"自己救自己"的哲学，即通过自身对社会和人生苦难的认识与思考来获得精神上的解脱，通过提高自身的修养来自己拯救自己，提倡和重视自我修养和自我完善，不需要偶像和神来帮助自己获得幸福。这从他的遗言中也能看得出来。最初，佛弟子通过礼拜释迦牟尼生前用过的衣物、佛舍利、佛塔、菩提树、法轮、佛足印来怀念和纪念他，但后来的佛弟子不断地把他偶像化、神化，以至于出现了偶像崇拜。当希腊造像艺术东传到印度，加上佛经中增加了"礼拜佛像可得福报"等内容后，佛教造像活动才大规模开展起来。礼拜佛塔是佛教徒早期比较原始的宗教纪念活动，这种仪式一直流传了下来，后来的佛经中也写进了"礼拜佛塔可得无上福报功德"，信徒便把绕塔礼拜作为一种仪式固定下来。后来，把塔运用于石窟构造建筑中。印度在公元前1、2世纪时已经出现了"支提窟"，这就是早期的中心塔柱窟。传到中国后，印度的圆形塔柱演变成方形塔柱，但功能是一样的，即"右旋礼拜，入塔观像"。实际上是在礼拜和纪念佛祖释迦牟尼。

隋代塑像的规模超越了前代，一窟中通常有几铺大型塑像，每一铺就有几身。第427、420（图7-6）、244、419窟即是这时期的代表窟。当进入第427窟时，扑面而来的3身高大敦厚的塑像（一佛二菩萨）给人心灵上一种巨大的震撼，当我们深感自身的渺小扭头朝南或朝北躲避3身神灵的注目时；同样，在南北壁的佛坛上也有高大敦厚的3身塑像默然肃立，注视着我们的一举一动，我们别无选择，只有乖乖地跪在佛祖前祈求他赐给我们平安幸福。当我们一边诉说一边慢慢抬头仰视佛祖时，这时发现慈祥的佛祖、温柔善良的菩萨正在俯视着我们，目光对视，我们内心感觉无比的温暖。佛祖和菩萨大大的头、宽厚的肩膀、敦厚的身体更能给我们一种可信度和安全感，由于视觉差距的原因，我们也不再感觉佛祖和菩萨的腿有点短了，质朴厚重而又贴体的服饰下微微凸起的肚子，似乎能装下我们所有的烦恼

图 7-6 莫高窟第 420 窟 内景

或苦难，也似乎表明所有俗世中人们的愿望他都能满足。从跪着仰视的角度注视神灵，他们不仅姿态优美，而且神情可亲，略含笑意的佛祖左手平伸作与愿印，鼓励我们诉说内心的痛苦与不满，右手竖掌向上作施无畏印，表示立即解除我们的苦难。四壁、四披金碧辉煌而又排列有序的千佛犹如精美的壁纸，由于形象小、距离远、排列密，与我们的联系似乎若隐若现。相反，把塑像的距离更推进到我们面前，这就像舞台上帷幕的作用——把主人公置于最重要的中心位置；而且周围布满密密麻麻的千佛，表明这世界到处都有佛，我们无论在何时何地都受到佛的保佑。这为礼拜者指明了光明的前途。况且佛也是人修行而成的，只要我们每个人虔诚信仰，都有可能到达佛地。只有四披下面绕窟一周的飞天或抚弄乐器，或扬手散花，或顾盼回眸，身姿优美，色彩艳丽，飞行迅速，才给我们一会儿喘息的机会（图7-7）。

就拿第419窟大弟子迦叶说，塑造得非常生动，可谓栩栩如生。满脸皱纹，肌肉松弛，两眼深陷，牙齿脱落而残缺不全，肋骨凸出，一副营养不良的模样；左手持钵于胸前，右手于胸前握拳，就连穿的袈裟也没有佛祖和阿难那样光彩照人，一副灰暗的色调。整个形象一副饱经风霜而又得道智慧的胡僧形象。迦叶出身于古印度一个婆罗门家庭，释迦成道3年后，他皈依了佛门，成了释迦的弟子。因他在十大弟子中以苦修头陀行著称，因此被称为"头陀第一"。"头陀"是梵文的音译，意思是"抖擞"，即去掉尘垢烦恼的意思。头陀也是佛教的一种修行方式，称为修"头陀行"，这种修行方式有12种严格的修行规定，严格限制物质欲望，主要有：

图7-7 莫高窟第427窟 主室内景

图 7-8 莫高窟第 419 窟 佛龛内 迦叶塑像

　　行，必须步行走路，不能乘坐交通工具；

　　吃，要向别人乞食，每天只吃一顿午饭，也不能吃饱，只能吃一小团饭；

　　穿，只能穿百衲衣（也叫粪扫衣、衲衣），即用别人所遗弃的破衣烂布缝成的衣服；

　　住，要住在远离人烟的空地上，平时休息要坐在坟地或露天的地方，而且长坐不卧（图 7-8）。

　　简单地说，就是行脚、乞食、露宿、穿百衲衣、过半饥半饱的生活。因此，头陀行者一般被称为"苦行僧"。佛祖释迦牟尼早年也修"头陀行"，后来放弃了，迦叶则一直坚持了下来。所以说，第 419 窟塑像更能体现迦叶的经历及他的精神状态。佛祖在涅槃前，曾把衣钵交给迦叶，等待 56 亿 7000 万年之后未来佛弥勒佛降生人间时再转交未来佛。因此，他手上所持钵可能为佛祖所传之钵，也有可能是他乞食饭菜时的饭钵，后者更符合他站在佛祖旁边的身份地位。

八、唐僧取经

◎ 齐双吉

大唐太宗贞观元年（627年）农历八月的一天，首都长安人头攒动，许多面显仓皇之色的人们成群结队、拖家带口向周边地区四散而去。其中有一位身材伟岸、气度非凡、一表人才的和尚混迹于四散逃逸的人群中，一路向西而去。此和尚俗名陈祎，法号玄奘，出生于隋文帝杨坚开皇二十年（600年）洛州缑氏县游仙乡陈河村（现在河南省偃师县缑氏镇陈河村），是当地名门望族陈氏最小的儿子。由于是唐代的僧人，后人称其为"唐僧"；又因他精通佛教经典，被尊称为"三藏法师"。

这一年，长安周围遭遇霜降秋害，农作物歉收，朝廷诏许僧俗到丰收地就食，28岁的玄奘便走上了西行求法之路。

玄奘从小就非常聪明好学，跟随辞官在家的生父陈慧学习儒家经典。8岁那年，父亲给他讲授《孝经》，当讲到曾子避席一章时，玄奘突然整好衣服，离席肃立。父亲很诧异，问他干什么，他答道："曾子接受老师的教诲时离开座席，站起来回答问题，我现在聆听父亲的教导，怎能坐着不动呢？"（"曾子闻师命避席，某今奉慈训，岂宜安坐。"）可见他从小就聪慧过人。玄奘10岁左右时，父母双双因病辞世，玄奘跟着已经出家的兄长长捷法师住在洛阳净土寺，开始诵习佛经。13岁那年，隋炀帝派选拔人才的高手郑善果到洛阳度僧，因玄奘还年幼，没有到规定的年龄，就一直站在公衙门口等待，考试完毕后，郑善果出门看见一个相貌不凡的小男孩站在门口，问他干什么？玄奘慷慨陈词："继承如来的业绩，光大佛法。"（"意欲远绍如来，近光遗法。"）郑善果非常喜欢他，就破格录取了，并对随行的官员解释说："记忆背诵经书容易，但是，这种天生的风骨难得，如果剃度这个孩子，将来一定能在佛门中成大器。"（"诵经易成，风骨难得。若度此子，必为释门伟器。"）

为了钻研佛经，玄奘周游了四川、湖北、河南、陕西等地，追访有名的佛学大师，如饥似渴地学习佛典。21岁那年，玄奘在成都受"具足戒"（与沙弥、沙弥尼所受十戒比，戒品具足，故称为具足戒。也是正式取得比丘、比丘尼资格的证明），获得了唐政府颁发的度牒（即和尚证），成了国家登记在册的正式僧人。在玄奘求学的历程中，随着他钻研的深入，越来越发现当时的汉译佛教经典之间的解释相互矛盾重重，便萌生了到天竺取得真经的念头。当他重新返回长安时，恰逢一位印度名僧波罗颇迦罗蜜多罗讲经说法，玄奘被他精彩的讲解所折服，坚定了他西去求法的决心。他联合志同道合者向朝廷上表，请求西行求法，但没有被批准。其他人都退缩了，断绝了西行的念头，但心意已决的玄奘，乃"冒越宪章，私往天竺"，混在一群衣衫褴褛的饥民中，开始了他的西行求法之路。

从唐太宗贞观元年（627年）到唐太宗贞观十九年，玄奘孤征二十载，独行5万里，足迹遍于西域、中亚、印度130国，历尽艰辛，九死一生。他西行所经过的路线为：出长安（西安）后，过秦州（天水）→兰州→凉州（武威）→瓜州→玉门关→伊吾（哈密）→高昌（吐鲁番）→阿耆尼（新疆焉耆回族自治县）→屈支（新疆库车）→跋禄迦（新疆阿克苏）→凌山（新疆天山穆苏尔岭）→大清池（吉尔吉斯斯坦伊克塞湖）→素叶水城（碎叶城）（吉尔吉斯斯坦托克马克西南）→飒秣建国（康国）（乌兹别克斯坦撒马尔罕）→昭武九姓其他四五国→羯霜那国（史国）（乌兹别克斯坦境内）→铁门（乌兹

图 8-1 玄奘访印路线图

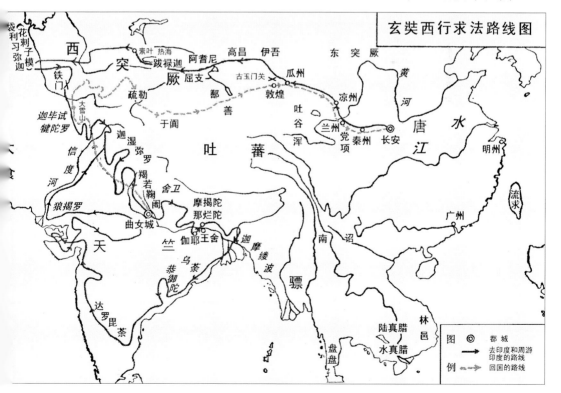

图 8-2 敦煌烽燧遗址

别克斯坦南兹嘎拉山口）→ 覩货罗国（西汉时的大夏）→大雪山（兴都库什山）→梵衍那国（阿富汗巴米扬城）→巴基斯坦白沙瓦城→印度（图 8-1）。

　　玄奘刚到凉州，就有人向凉州最高军政长官李大亮都督密报："有一位从京城长安来的僧人，打算偷渡出境去西方国家，不知道他出国有何意图。"（"有僧从长安来，欲向西国，不知何意。"）遭到了李大亮都督的扣留盘问，并强令他东返长安。当时正值唐代建国不久，边疆不稳，又怕大量人口外流，因此对外实行闭关政策。此间，玄奘得到了河西非常有名的慧威法师的暗中帮助，慧威悄悄派了自己的两个弟子慧琳和道整护送玄奘。他们昼伏夜行，小心翼翼地潜行到了瓜州。在瓜州，玄奘还得到了不明真相的瓜州刺史独孤达的布施。

　　玄奘一到瓜州就为出关做准备，暗中打探最便捷、最有希望穿越也最不容易被官府人员发现的路径。但是，各种要道都关卡重重，各条道路都布满了死亡的陷阱（图 8-2）。玄奘在瓜州逗留月余，一筹莫展，这时陪伴他的马又死了，他更加陷入了绝境。就在玄奘束手无策的时候，河西各地正在通缉捉拿他。当李大亮听说玄奘不但没有返回长安，还潜行到瓜州时，命令所在州县立即捉拿他。当通缉令传到落实缉拿的州吏李昌手中时，虔诚的佛教徒李昌被玄奘西行求法的精神所打动，他当面撕毁通缉令（访牒），并劝玄奘须早西行，以免节外生枝。

当时朝廷缉拿甚急，玄奘怕经敦煌出关盘查更严，难得脱身，焦急无奈中遂选择了北行渡葫芦河绕道敦煌的办法。葫芦河为疏勒河流经瓜州布隆吉乡双塔堡和兔葫芦村的一段水域。在夜色的笼罩下，玄奘与他在瓜州亲自受戒的弟子石槃陀潜伏到河边。水流湍急，深不可渡，在此地已经可以隐约看见5公里以外的玉门关了。玄奘与向导石槃陀找到了一处丈许宽的河面，石槃陀斩木为桥，布沙填草，驱马前行。

成功偷渡葫芦河的当夜，玄奘和石槃陀露宿河畔。深夜，玄奘突然惊醒，看见一个人提着刀正蹑手蹑脚向自己逼近，快靠近自己时，又犹豫了片刻，转身走远了。如此反复了好几回。玄奘仔细辨认，那人正是石槃陀。玄奘不明其意，质问石槃陀为何要拔刀相向。石槃陀告诉师傅说："为了补充水，我们必须到烽燧下取水，五烽上日夜都有守望者，成功偷渡五烽的可能性非常小；一旦被抓，自己也会受牵连被处死。即使成功偷渡五烽，也会葬身于大沙漠中。"玄奘只好打发石槃陀回去了。

石槃陀走后，孤独的玄奘只有"瘦老赤马"相伴了。他白天潜伏，夜间行走，孤身只影，形同孤魂野鬼。戈壁沙漠中白天"热风如火"，夜晚"寒气如刀"。由于严重缺水，这里没有生命，偶尔一株枯死的胡杨树，至少已经死了1000年了。

绕过玉门关，玄奘在第一烽附近潜伏了很久。

深夜，玄奘悄无声息地来到第一烽台下取水。嗖——一箭飞来，差点射中玄奘的膝盖，紧接着又飞来了一箭。玄奘连忙大声喊："我是京城长安来的僧人，请不要放箭！"玄奘被第一烽守卒抓住了。守关的校尉王祥是个虔诚的佛教徒，听了玄奘的讲述后，深受感动，热情地招待了他，并布施了许多随行的物品，并指点玄奘绕道二三烽去第四烽找他的同族王伯陇。几天后，玄奘到了第四烽，白天一直在附近等待，伺机晚上取水后偷渡。玄奘不直接去找王伯陇是怕节外生枝，怕万一事发突变王伯陇不相信玄奘的口信而扣留他。直到深夜，玄奘谨小慎微地来到烽台下的水边，迎接他的同样是飞箭，他赶紧报明了身份。到了烽燧内，他透露了王祥的交代。王伯陇放了玄奘，指点玄奘不必去第五烽——此人生疏，不好交涉，建议玄奘到野马泉补充水，还赠送给玄奘一个大水囊（图8-3）。

出了五烽，玄奘面前只有平沙漠漠绝人烟的400公里莫贺延碛大沙漠。那里险象环生，没有路，不辨方向，行走艰难，除了沙子，只有堆堆白骨和夜晚忽明忽暗的磷光无声地诉说着可怕的过去和现在。生命在那里消失了，或者对那里望而却步了，那里只留下了魔鬼般恐怖的阴影。最为可怕的是：玄奘在饮水时失手打翻了皮囊，水倾倒在沙子中，顷刻间便无影无踪了。没有水如果继续西行，只能是一步一步走向死亡。玄奘在这时甚至动摇了，掉转了马头，准备按原路返回补充水源。走了几里后，他又倔强地重新向西而行了。玄奘在后来的回忆中这样形容他此时的情形：

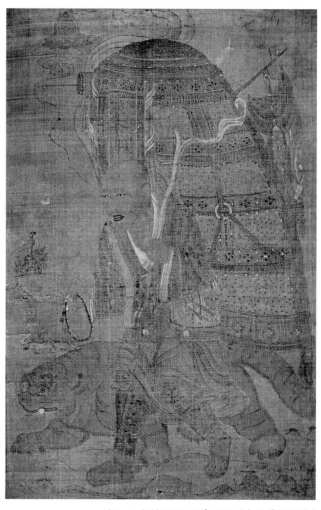

图8-3 敦煌绢画 行脚僧图（吉美博物馆藏）

"是时，四顾茫然，人鸟俱绝……夜则妖魑举火，灿若星辰；昼则惊风拥沙，散如时雨。随遇如是，心无所惧。但苦水尽，渴不能前。"

饥饿、疲劳、酷热与严寒的交替作用使他精神恍惚，各路妖魔鬼怪犹如千军万马与他周旋，沙漠中的气候瞬息万变，一会乌云密布，飞沙走石，一会晴空万里，烈日炙烤。尽管如此，玄奘还是一如既往地向西移动，他心中只有一个强烈的信念支撑着他："去伪经，求真经；不至天竺，终不东归一步。"出于宗教信仰的精神，他不停地念诵《心经》，不停地祈求观世音菩萨保佑。4天5夜，滴水未进，终于体力消耗殆尽倒在了沙漠中。玄奘醒来后质问观世音菩萨：

"玄奘此行，不求财利，不为名誉，只为求法而来。仰惟菩萨慈念终生，以救苦为名。"第五天晚上，奇迹出现了，天降凉风，玄奘被惊醒，醒来前他曾做了一个梦：梦中一恶神，身长数丈，手持长戟，挥舞着斥问玄奘："何不强行而更卧也？"玄奘强行站起来，驱赶趴在身边的老马。走了几里路，老马突然停下来站着向四处张望，鼻子不时地嗅一嗅。那一刻，老马显得异常兴奋，精神抖擞。突然，老马拖着玄奘朝一个方向跑去——赤瘦老马竟然把玄奘带到了绿草丛生的野马泉。有了水，玄奘和马才摆脱了绝境。

两天后，玄奘竟然奇迹般走出了莫贺延碛大沙漠，抵达了伊吾，短暂停留休整后又抵达了高昌。高昌国王麹文泰是一位虔诚的佛教徒，他在宫廷中以厚礼相待玄奘，并强烈要求玄奘长留高昌，做高昌国的大法师。玄奘以死相逼，通过绝食终于打动了麹文泰，麹文泰同意了他西行求法的请求，并与玄奘结拜为兄弟。玄奘在此停留 1 个月，每天都为国王、王妃和群臣讲经说法。临行前，国王布施给玄奘很多金银衣物，还配备了 20 多名随从和向导、30 匹良马陪伴玄奘，并写信给沿途的 24 国国王，请他们多多关照自己的弟弟。

出高昌到了龟兹，玄奘受到了非常隆重的欢迎，并和龟兹高僧木叉毱多展开了一场大辩法，最终，信仰大乘佛教的玄奘辩胜了信仰小乘佛教的木叉毱多。离开龟兹，玄奘一行遇到了惊心动魄又啼笑皆非的一幕：由 2000 多突厥人组成的强盗围堵了玄奘的去路，但强盗在财物还没到手之前因事先商量怎么分割财物时内讧而自相大打出手，而且是越打越远，玄奘才得以脱身。

向西行走了 300 多公里，来到了跋禄迦（新疆阿克苏），休整 1 天后，继续向西 150 公里，穿越了一个小沙漠，来到了凌山脚下（天山山脉的穆素尔岭）。在翻越海拔 7000 多米终年积雪的凌山时，玄奘的随从人员冻死了十分之三四，7 天后，玄奘才艰难地走出了这片"死亡之地"。继续西行四五百里，来到了大清池（伊克塞湖），又向西跋涉了 250 多公里，来到了唐代大诗人李白的故乡——碎叶城。过碎叶后，又到了飒秣建国（康国）（乌兹别克斯坦撒马尔罕），又过四五个小国后，来到了羯霜那国（史国）（乌兹别克斯坦境内）。穿越铁门（乌兹别克斯坦南兹嘎拉山口），到了覩货罗国（西汉时的大夏）、活国（阿富汗昆都士）、缚喝国（大夏的都城，当时被誉为"小王舍城"）。出缚喝国向南来到了揭职国（阿富汗境内），在阿富汗玄奘礼拜了梵衍那国著名的巴米扬大佛和其他著名的寺庙。

在远离故土万里之遥的迦毕试国（阿富汗卡里斯坦），玄奘礼拜了一座名叫"质子伽蓝"的寺庙，该庙僧人曾解释说此庙是大汉天子的子民所建，寺庙的另一个名字叫"沙落迦"，即西域语言中"洛阳"的意思。由于和家乡联系在一起，那一刻，玄奘心潮澎湃、热泪盈眶。从此国东行，终于进入了古印度北境的滥波国。

在古印度北境的第二个国家那揭罗曷国，玄奘礼拜了佛顶骨和佛陀的遗物与佛影窟。然后到了犍陀罗，可惜此时这里的人们已经不再信仰佛教，寺院荒芜，窣堵颓废，王族绝嗣，城邑空寂，居人稀少，整个一片荒凉凄惨的景象。

在天竺，玄奘马不停蹄地瞻仰圣迹，访师问学，在迦湿弥罗国（今克什米尔斯利那加一带地区）停留2年，跟随70余岁的僧称法师学习《俱舍论》《顺正章论》《因明》（古印度逻辑学）、《声明》（语言文字学）等，把第四次佛教集结的30万经论全部学完。

在玄奘求法的整个历程中都充满了各种惊险与无可预料的危难，除了忍饥挨饿、过沙漠、翻雪山、顶风暴之外，还时刻和各路盗贼斗智斗勇。玄奘在整个求法过程中经历的艰辛苦难比起《西游记》上唐僧所经历的九九八十一难来，绝对是有过之而无不及。在磔迦国（巴基斯坦旁遮普西部阿萨路尔一带），50多个强盗在波罗奢大森林中将玄奘一行团团围住，财物被洗劫一空，还想将他们杀死以灭口，幸亏当地村民出手相救，他们才幸免于难。同伴们都吓得呆若木鸡，只有玄奘乐呵呵地说道："人最宝贵的是生命，既然生命尚在，还有什么可担忧的呢？我国古书上曾有'天地之大宝曰生'，讲的就是这个道理。不过一点点衣服财物而已，不必为此忧愁咨嗇！"

最为危险的一次，是在赶往阿耶穆佉国的途中，玄奘一行80多人结伴而行，当他们坐着船沿恒河顺流而下时，从恒河边茂密树林的后面冲出几十条船，船上的强盗强迫他们上岸。强盗搜刮完财物后，命令他们脱掉衣服站在一起。强盗一眼看上了长得俊秀出众的玄奘。这伙强盗信仰突伽天神，每年的秋天中旬都要抓一个端庄美貌的男子来祭祀他们的天神。选好祭祀品后，强盗开始做祭祀的准备工作，他们一边给玄奘沐浴洗身，一边平地做祭台。在信仰的力量的驱使下，强盗对玄奘的辩解置若罔闻，对玄奘同伴的苦苦哀求也无动于衷。玄奘自己都认为在劫难逃了，只好闭上眼睛，一边默念弥勒的名号，一边准备坐化圆寂。当强盗把玄奘推上祭台，刀架在脖子上要下刀时，突然"黑风四起，折树飞沙，河流涌浪，船舫漂覆"，强盗被这突如其来的一幕惊呆了。这些虔诚信仰突伽天神的异教徒认为这是天神在阻拦他们，急忙问此人为何方神圣，众人如实相告，强盗马上释放了玄奘，叩地谢罪。

在遭遇这次祭祀的劫难之前，玄奘还抵达了秣菟罗国（今印度北方邦马土腊）、劫比他国（今印度北方的萨姆基萨），在羯若鞠阇国（今印度中部的卡瑙季）首次见到了大力支持大乘佛教的印度名王戒日王。遭遇祭祀后，玄奘又马不停蹄地游学礼拜。游学到侨赏弥国（今柯萨姆地区），之后到了达迦毗罗卫国（今尼泊尔南部提罗拉科特一带），礼拜瞻仰了佛祖释迦牟尼的诞生地——腊伐尼林等圣迹。后又东行350公里到拘尸那揭罗国（今印度北部戈拉克普尔的卡西亚地区）瞻仰礼拜了佛祖释迦牟尼涅槃地——婆罗林。又到婆罗疤斯国（今北印度恒河左岸瓦腊纳西一带）巡礼了佛祖初道成佛说法的鹿野苑伽蓝，后又到毗舍离城（今印度比哈尔邦穆查发浦尔）礼拜了第二次集结地。

在整个求法历程中，那烂陀寺对玄奘影响最大，学习时间也最长。玄奘师从百岁有余的那烂陀寺的住持戒贤法师学习《瑜伽师地论》，历时长达17个月。那烂陀寺是当时印度佛教的最高学府，云集着全印度境内一流的大法师，能容纳1万名学徒和1500名大法师，它的魅力吸引着中国、日本、朝鲜等国的留学求法者去深造。从贞观八年到贞观十二年，玄奘在那烂陀寺学习5年后，又游历了数十个国家。

玄奘的学识越来越受到众人的推崇，也受到了戒日王的青睐。公元642年，戒日王在他的首都曲女城（今印度加瑙吉市）举行了一次规模空前的辩法会，18国国王莅临听法，从印度全境精选的3000高僧云集于此，婆罗门及外道有2000余人参加，那烂陀寺选派了僧徒千余人到场。在这次无遮大会上，辩才无碍、博学多识的玄奘法师被推举为辩主。18天后，玄奘法师最终获胜，大乘佛教徒尊称他为"摩诃耶那提婆"（大乘的神），小乘教徒敬称他为"木叉提婆"（解脱天），这都是大小乘对一个高僧至高无上的尊称了。从此以后，玄奘法师名震天竺全境。

18年后，玄奘携带佛骨舍利、金银佛像、600多部梵文经典起程东归。这时，戒日王为挽留玄奘曾许诺在印度为他造100座寺院，玄奘归心似箭，丝毫不为所动。

贞观十五年（641年），42岁的玄奘终于从曲女城出发动身东归，但在过印度河时遭遇大风浪，损失了准备从印度带回国的奇花异草的种子及50匣佛经，又到迦毕试国滞留50多天，到距离迦毕试国不远的乌苌那国补抄佛经。然后取道巴基斯坦北上，过帕米尔高原向东归来。贞观十八年（644年），到了新疆于阗（和田），在于阗等待七八个月后，终于等到了唐太宗的回音：

"闻师访道殊域，今得归还，欢喜无量，可即速来与朕相见……令敦煌官司于流沙迎接……"

玄奘马不停蹄，日夜兼程，过阳关、沙州（敦煌）、瓜州，直达长安。

唐太宗贞观十九年（645年），玄奘回到了长安，时年46岁。长安城万人空巷，争相一睹其容，由于长安城人山人海，交通被阻塞，甚至出现了踩踏事件。

贞观二十二年（648年），唐太宗专门为玄奘修建的慈恩寺落成，玄奘任住持。这里成了除弘福寺以外玄奘译经、居住的主要场所。永徽三年（652年），玄奘担心从印度千辛万苦带来的无比珍贵的佛经遭遇火灾，上表唐太宗要求在慈恩寺西院修建一座塔，唐太宗答应了——皇帝一道表文，14天塔就修好了。被称为慈恩寺西院浮图，或慈恩寺塔。玄奘还亲自参加了修建。慈恩寺塔主要供奉和储藏梵文经典、佛舍利、佛像等。但此塔30年后就坍塌了，此时正值武则天当道，又重修了慈恩寺塔，塔高10层，正式命名为大雁塔，全称慈恩寺大雁塔（图8-4）。塔的南面镶嵌着唐太宗李世民撰写的《大唐三藏圣教序》和唐高宗李治撰写的《大唐三藏圣教序记》二碑，是当时大书法家褚遂良的手迹，字体劲秀，为唐代的名碑。

该塔被命名为大雁塔，也有一段动人的故事：

玄奘在印度求法之时，曾到一座名叫"因陀罗势罗窭诃"的山上瞻仰礼拜佛迹。此山东北50多公里有一座以鸽子（迦布德迦）命名的寺庙。据说有一次佛陀释迦牟尼到此山为大众讲经说法，讲了整整一夜。有一个捕鸟的人，也在此山辛辛苦苦地捕了一夜的鸟，但一无所获，于是他把怨气发泄到佛陀释迦牟尼身

8-4 西安大雁塔

上："释迦牟尼，今天晚上你在这儿说法，所有的鸟都被你吓跑了，害得我一无所获，我的全家老少都在饿肚子，你叫我怎么办？"释迦牟尼平静地告诉他："你别大吵大闹生气了，我想办法给你解决食物。你先生一堆火好吗？"火生好了，佛陀释迦牟尼就摇身一变成了一只鸽子，投入火中。捕鸟人烤熟后，带着热乎乎、香喷喷的鸽子肉回家了，全家美美饱餐了一顿。后来，捕鸟人听说那天他们全家所吃的鸽子是佛陀所化生，受到了感动，有了忏悔之心，皈依了佛门，最终修成了正果，后人便在此修"鸽子寺"纪念这一段因缘。

在此山的东面还有一座塔，叫"亘娑塔"，亘娑的中文意思是大雁，亘娑塔的汉文意思即为大雁塔。据说过去此地的僧人信奉小乘佛教，因此僧人可以吃佛教规定的"三净肉"。有一段时间，僧人好长时间都没有肉可吃。一天，1位僧人正在仰头望天，这天也正好是菩萨的施舍日，突然天空飞来一群大雁，这位僧人就朝天空自言自语："大慈大悲的菩萨啊，僧房断肉，我们可是很长时间吃不到肉了，这些菩萨您应该知道吧？"话刚出口，就看见领头的那只大雁掉在地上，折翅而亡。这个僧人很惊慌，把事情的经过告诉了其他的僧人，这些僧人一致认为这是佛祖在点化他们，于是他们有了忏悔之心——厚葬了掉在地上的大雁，并起塔供养，称该塔为亘娑塔。从此以后，他们也戒绝了荤腥，改信大乘佛教了。

玄奘在弘福寺、慈恩寺、玉华寺（陕西延安附近）译经十九载，翻译经典47部，1335卷，并写成了纪实性的旅游传记《大唐西域记》12卷，给后人留下了无法估量的财富。一位印度史学家曾说："中文的记载对印度孔雀王朝（前320—180年）以后历史的重建是不可缺少的。中国旅行家如玄奘、法显等人给我们留下了有关印度古代的宝贵记载，不利用中文史料，要重建印度史是不可能的。"鲁迅先生在《中国人失掉自信力了吗》说："我们从古以来，就有埋头苦干的人，就有拼命硬干的人，有为民请命的人，有舍身求法的人……这就是中国的脊梁。"

玄奘从印度带回来的佛经翻译后对当时（唐）及以后的敦煌壁画的绘制产生了十分深远的影响。莫高窟盛唐第148窟的"药师经变"及其以后的很多"药师经变"、第148窟"天请问经变"（图8-5）、第148窟"不空羂索观音经变"、晚唐第14窟"十一面观音经变"等都是依据玄奘的译经绘制的壁画。敦煌藏经洞中出土了与此相对的、玄奘所译的《药师琉璃光如来本愿功德经》《天请问经》《不空羂索神咒心经》《十一面神咒心经》等多件，甚至还发现了敦煌本的《大唐西域记》3件（图8-6）。

图 8-5 莫高窟第148窟 天请问经变

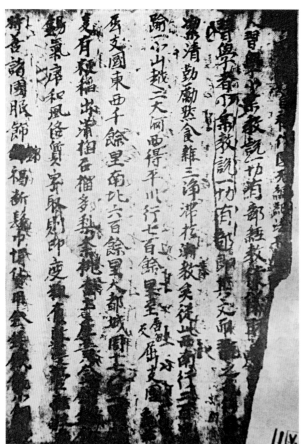

图 8-6 S.2695Va敦煌本《大唐西域记》

　　玄奘在西行求法途中，曾在瓜州逗留月余，得到了瓜州刺史独孤达、州吏李昌等人或明或暗的帮助；年长胡人也赠送了瘦老赤马一路陪伴玄奘，在玄奘困陷莫贺延碛大沙漠时，由于严重缺水，身体虚脱不能前行，此马又引领玄奘找到了水源，把玄奘从死神旁拉了回来；胡人弟子石槃陀曾亲自作向导护送玄奘成功偷渡葫芦河。因此，玄奘西行求法一事在瓜州人民中留下了深刻的印记。

　　在瓜州境内的榆林窟、东千佛洞现存6幅"唐僧取经图"，都绘制在西夏时代的洞窟中，比明代吴承恩的《西游记》早300年。6幅壁画有一个共同的特点，即只绘出了唐僧、孙悟空、白马，没有猪八戒和沙和尚。

　　榆林窟第2窟1幅，位于主室西壁北侧水月观音图右下角。画面中，1位年轻英俊的汉族僧人，身披袈裟，光头仰首合十，对着河流站在水边的平地上。河面上水波涟涟，月色朦胧，万籁寂静。此青年僧人正是玄奘。身后有一位形貌如猴子、披散着头发、头戴金环的男子，一身俗世人的打扮，右手举到额前遮挡光线，定睛肃立遥望远方，左手牵着仅仅露出马头的白马。此人正是孙悟空。师徒2人正在隔水遥礼观音（图8-7）。

图8-7 榆林窟第2窟 玄奘取经图

榆林窟第3窟2幅。西壁门南《普贤变》南侧：在激流滚滚、深不可测的河岸边，风尘仆仆的玄奘光着头，身披袈裟，脚登麻鞋，双手合十弯腰作祈祷；紧随身后的孙悟空身穿俗人装，龇牙咧嘴，仰头望天，也双手合十于胸前作祈祷状。孙悟空身边的白马三蹄着地，一前蹄轻轻点地，马头扬起，分明一副一路奔跑刚到此停歇的样子，马背披着鞍子，鞍子上盛开着莲花，莲花上驮着经包，经包光芒四射。东壁北侧十一面千手观音变下部也有1幅：青年玄奘双手合十，虔诚地默念祈祷；孙悟空猴头猴脑，长发披肩，头系彩带，一副俗世人的衣着，腰间斜挎经包，右手执金环锡杖，锡杖紧靠右身，上端挂着经盒，左手高举额前遮挡光线，目光炯炯，遥望远方（图8-8）。

图8-8 榆林窟第3窟 玄奘取经图

榆林窟第29窟1幅。位于北壁东侧水月观音下部：只绘出了玄奘、孙悟空和空鞍相随的白马。

东千佛洞第2窟有2幅。南壁的取经图：玄奘身披袈裟，双手合十，背靠山岩站在水流湍急的大河边，孙悟空形貌似猴，披散着头发，头戴金环，张嘴露齿，伸出左手于额前，眺望远方，右手牵白马。北侧：玄奘身披袈裟，弯腰行礼，孙悟空一手持金环锡杖、一手牵白马，翘首驻足观望，白马空着鞍子站立等待。

在真实的历史记载中，玄奘在瓜州被李昌

私放之后，焦急无奈，只好来到瓜州的一座寺庙去礼拜祈愿。这个庙里有一个出家的胡人叫达摩，在玄奘祈愿的前夜做了一个梦：梦中一个长相白净的汉族僧人骑在一朵莲花上飘然西去。当胡僧达摩看见礼拜的玄奘时，惊讶得说不出话来，玄奘正是他梦中的那个人啊！达摩便把梦告诉了玄奘。正在这时，又进来一个胡人，他进来后，先不礼拜，倒先绕着玄奘转了二三圈（"逐法师行二三匝"）。玄奘觉得此人怪异，就问他的来路。胡人回答说：他叫石槃陀，想成为居士，希望有人为他受戒。玄奘上下打量了一下石槃陀，答应了为他受戒并收他为弟子。玄奘西行正需向导，石槃陀身为胡人，正是玄奘需要的人——胡人时常穿梭于胡、汉之间，熟悉道路；石槃陀已经出家成了居士，又有向善之心。于是，玄奘便请石槃陀为向导，石槃陀一口答应了。

出发那天傍晚，不仅石槃陀来了，还带来了一位年长的胡人，而且年长的胡人还牵着一匹"瘦老赤马"（又老又瘦的红马）。老年胡人对玄奘说：玄奘新买的那匹马太年轻了，恐怕不负劳累、不辨路途，别看他牵来的老红马身体瘦弱，但陪伴他来往于伊吾与瓜州15次了，应该能胜任取经的任务。他们便交换了马。

6幅取经图或绘在水月观音旁，或绘在激流滚滚的河边，这可能象征着玄奘西行求法之途水远山高、道路艰辛。玄奘均为光头披袈裟的出家人形象；孙悟空为俗世人的打扮，形貌似猴，尖嘴猴腮，毛发发达，都有白马相随。胡人一般都毛发发达，而且由于生理上的特点，有些也长得尖嘴猴腮。俗话说"唐僧取经，猢狲帮忙"。"猢狲"应是"胡僧"字音的讹读。虽然史书上没有详细记载石槃陀的相貌，但敦煌瓜州境内壁画上孙悟空的形象应该有石槃陀的影子。玄奘和石槃陀当年的深夜到达葫芦河时，水流湍急，深不可渡，石槃陀找了一处丈许宽的河面，斩木为桥，师徒2人及马方才过河。由于石槃陀为居士，衣着亦如俗人。居士也是佛教徒的一种，不过等级较低，对他们的要求不像僧人那么严格；居士可以在家修行，也可以娶妻生子，所以在服饰上也不必穿袈裟。佛教对居士最基本的五条戒律是：

1. 不杀生（就连微小的蚂蚁也要谨防踩到）。

2. 不偷盗（包括偷和抢）。

3. 不邪淫（除和妻子同房外，不能有不正当的男女关系）。

4. 不妄语（说话要有根据，不能乱讲话）。

5. 不饮酒（喝酒后有可能犯前四条，所以坚决戒酒）。

莫高窟初唐第323窟是一个"佛教史迹画"和"佛教戒律画"非常集中的洞窟，主室南北两壁绘满了佛教史迹画，北壁的"佛陀洗衣池和晒衣石圣迹"

在玄奘所著的《大唐西域记》里就有记载。东壁南北两侧的下部绘制了佛教戒律画，是对文字规定的佛教戒律的图像解说。其中东壁北侧的部分戒律画于1925年被美国人华尔纳盗劫破坏，伤痕斑斑。敦煌壁画中绘有很多维摩诘的形象，维摩诘就是一位非常有名的居士。当年那夜石槃陀斩木为桥，说明他手中持有利器，不过到壁画中换成佛教的锡杖而已。瘦老赤马也确如长者胡人所言，老马识途，把被困莫贺延碛大沙漠中绝望等死的玄奘带到了"野马泉"，终于摆脱了险境。

18年后，当满载经书、佛像、舍利的玄奘经敦煌、瓜州返回长安时，这其中的功劳，部分原因与瓜州人民冒着生命危险出手帮助分不开，尤其当玄奘回到长安受到唐太宗的宠爱与推崇，想必敦煌、瓜州人民的自豪和喜悦更是无法言表的。

玄奘法师与瓜州人民的这一段因缘肯定在敦煌、瓜州等地广泛流传，最后进入了画家的视野，出现在壁画中。这也是瓜州榆林窟、东千佛洞多次出现唐僧取经图的原因，也是敦煌壁画中乐此不疲地绘出取经图的原因。

近年，在山西省稷山县青龙寺北大殿南壁拱眼下方新发现了一幅"唐僧取经图"：除唐僧、孙悟空、白马外，还有沙和尚。唐僧与沙和尚依次一前一后驻足站立，2人都为光头僧人，双手合十，遥望远方；身后的孙悟空双目深陷、嘴唇外凸，宽大的额头酷似猿猴，一手牵着白马；白马背上驮大莲花，大莲花上的经包光芒四射。此图绘于元末明初，比吴承恩的《西游记》早近百年。

在玄奘西行求法和东归所经的张掖大佛寺，释迦牟尼涅槃巨型塑像屏壁背面的南侧，也绘有唐僧取经图："大闹天宫""活人参果树""火云洞之战""唐僧逐悟空""路阻火焰山""四众西行"等情节，虽然孙悟空、猪八戒、沙和尚所持器械与《西游记》有所不同，但情节多与《西游记》吻合，是唐僧取经演绎到《西游记》阶段时的形象资料。

从瓜州的唐僧取经图，到稷山县的取经图，再到张掖大佛寺的取经图，从中可以看出"图像版本"的《西游记》在石窟寺的壁画中演变的一些过程。

九、武则天与大佛

◎ 程　亮

隋唐以来，佛教在中国得到广泛的传播，各地寺院林立，石窟众多。这种佛教的繁荣状况，跟封建帝王的提倡和参与有着密切的关系，从南北朝到隋唐，深信佛教并亲自参与佛教寺院或石窟兴建的帝王就有很多，其中武则天可算是推动唐代佛教高度发达的一个重要人物。

武则天，名曌，并州文水（今山西文水县）人。她的父亲武士彟由于参加唐朝建国有功，被封为太原郡公、应国公，官工部尚书。母亲杨氏，出身于士族高门。出身在这样一个新贵权势之家的武则天，自幼聪慧敏俐，她的父亲觉得她是可以造就的人才，于是教她读书识字，通晓世理。十三四岁时，武则天已是博览群书、胆识超人。贞观十一年（637年），唐太宗充实后宫，14岁的武则天，带着梦想走进了太宗的后宫，受封"才人"，才人是嫔妃中最低的一等，主要负责安排皇帝的宴会、休息等内侍事务。入宫之后，武则天行事干练、善解人意，再加上姿色娇艳，颇得太宗欢心，于是赐号"媚娘"。但不久逐渐在复杂的后宫斗争中被排挤失宠，使她在第一次入宫的12年中，一直徘徊在才人等级，后结识比她小5岁、常在宫中出入的太子李治，2人日久生情。

贞观二十三年（649年），唐太宗去世，按照唐朝的制度，27岁的武则天与太宗后宫的众妃一起被发送到长安的感业寺削发为尼，念佛诵经。高宗李治即位后，于永徽二年（651年）召武则天第二次入宫。次年五月，时年29岁的武则天被晋封为"昭仪"，昭仪是妃嫔中较高的一等。这次入宫后极受高宗宠幸的武则天吸取了第一次入宫的经验教训，在后宫斗争中不断取得胜利。永徽六年（655年），在她33岁时被高宗正式册立为皇后。随后，武则天利用皇后的身份和高宗对自己的宠爱，积极参与朝政，扫除她在参政道路上的障碍，逐步巩固和扩大了自己的影响和权力。显庆五年（660年），高宗因患风眩病，下诏委托武后协理政事。上元元年（674年），武后从幕后理政过渡到前台执政，这一年，高宗宣布自己为天皇，皇后武则天为天后，2人同登大殿，一起接受群臣朝拜，时人称之为"二圣"，实际上天后武氏掌握了李唐王朝的政权。从上元元年武则天以天后之尊开始执政，至天授元年（690年）正式称帝的 16 年中，武氏为称帝做了大量的准备工作，采取了多种有效的措施。其中之一就是利用宗教的影响力提高自己的声威，为自己称帝改制大造舆论。

龙门石窟奉先寺，是龙门石窟中最具有代表性的洞窟之一，主尊卢舍那佛，高 17.14 米，为龙门石窟最大的雕像，卢舍那佛是释迦牟尼的报身佛，意思是光明普照。这座佛像的头部圆满而秀丽，既有男性的庄严，又略带女性的慈和（图 9-1）。在民间广泛流传这尊卢舍那大佛就是武则天的模拟像，是武则天本人的理想化身。因为史载武则天的女儿太平公主"方额广颐"，推断武则天也应有这样的面貌特征，这与卢舍那佛的面相十分吻合；而且还说"卢舍那"意译是"光明普照"，武则天取名"曌"，也是光辉满天的意思。从现存资料来看，没有直接的证据能够说明卢舍那大佛就是武则天的模拟像，但奉先寺卢舍那佛的建造与武则天有很大的关系，这确是不争的事实。据史料记载，龙门石窟奉先寺卢舍那佛是武则天出资（"助脂粉钱两万贯"）所修建的，而且完工后她还亲自主持了大佛的落成开光仪式。这样看来，奉先寺大佛的建造无疑扩大和提升了武后在社会上的影响力。

垂拱四年（688 年）四月，武则天暗示侄儿武承嗣等人伪造了刻有"圣母临人，永昌帝业"的瑞石，并声称发现于洛水，武则天把这块瑞石称为"天授宝图"，封洛水神为"显圣侯"，武则天也自封为"圣母神皇"。同年六月，又于汜水得刻有所谓《广武铭》的瑞石，铭文暗示武则天是"化佛空中来"，当取代李唐为女主。唐天授元年（690 年）七月，薛怀义与和尚法明撰《大云经疏》献给武则天，称武则天为西天弥勒佛转世（"则天是弥勒下生，作阎浮提主"），应该取代李氏所建立的唐朝做天下主（"当代李唐，

图 9-1 龙门石窟奉先寺 卢舍那佛像

莫高窟史话

图 9-2 九层楼外景

入主天下")。武则天十分高兴，诏令全国各州和两都都要建置大云寺，建造弥勒大像。武则天的这条谕令得到全面执行，全国各地纷纷兴建以弥勒信仰为题材的大云寺。同期的敦煌也修建了大云寺，并建造了莫高窟第96窟的弥勒大像。

公元690年，武则天改国号为周，改元天授，正式称帝，成为中国历史上唯一的女皇帝。称帝后，她进一步利用佛教巩固和维护她的统治，不断制造新的舆论。长寿二年（693年），僧人菩提流支译出《宝雨经》10卷，经中讲到有东方日月光天子，乘五色祥云来到佛所在的地方，佛为他授记，告诉他以后当在摩诃支那国，现女身为王，以佛法教化众生，建立寺塔，供养沙门。《宝雨经》到唐代共出现3种译本，唐以前梁、陈时所译的版本都没有这段文字，因此这是唐译本伪造的，是专门为武则天登基制造舆论的。就在此经译出的这一年，武则天加尊号为"金轮神圣皇帝"。

武则天作为女性，要想在男权社会称帝，建立自己的新王朝，不仅要在社会力量上打击旧王朝势力，还要在形象上树立自己至高无上、君权天授的神秘色彩。当时佛教在社会上已有着广泛的影响，僧尼对唐初执行崇道抑佛的政策也有所不满，这正是武则天可以利用的社会力量；同时，世人又殷切期盼能带来太平盛世的弥勒早日降世人间。因此，武则天巧妙地把自己的形象和佛的形象有意连在一起，混为一体。

上有所好，下必效之。武则天时代的敦煌，也兴建了不少洞窟，其中最著名的就是有着大佛像的第96窟。此窟依山而建，窟外现存有9层窟檐建筑，是敦煌石窟最负盛名的标志性建筑之一，俗称"九层楼"（图9-2）。红色的楼阁依山而建，梁木交错，巍峨壮观，倚坐在建筑之中的是敦煌莫高窟第一大佛像，俗称"北大像"（因此佛像在莫高窟第130窟唐代大佛像之北）（图9-3、图9-4）。大佛高35.5米，背山朝东而坐，面形丰圆，眉目疏朗，双腿自然下垂，两脚着地，双手置于腿上，右手上扬做施无畏印，意为拔除众生痛苦；左手平伸做与愿印，意为满足众生愿望。佛像为石胎泥塑，即先在砂砾岩体的崖壁上凿刻出佛像大体的身形轮廓，然后覆泥，再做细致塑造，最后用色料着彩，这也是敦煌石窟大型佛像通用的塑造方法。大佛高大雄伟，圣洁静穆，极具威严，而微微俯视的双目似乎又与参拜者心灵相通。

根据唐代文献《莫高窟记》记载，第96窟始建于唐延载二年（695年），建造者为禅师灵隐和居士阴祖等人。初建时窟檐建筑为4层重檐，塑像涂装金彩。公元9世纪后期，改4层重檐为5层，后历经宋代、西夏、清代重修。今天我们所看到的9层楼阁，是民国十七年至民国二十四年（1928—1935年），敦煌"德兴恒"商主刘骥德、敦煌乡绅张盘铭和莫高窟皇庆寺主持喇嘛易昌恕等人，"募化集资12000千余元，历时八载，修建而成"。在修建窟檐的同时，也重新彩绘了塑像身上的土红色袈裟和僧祇支，并在袈裟垂裾边沿绘清式云龙纹。佛像虽历经千年沧桑，数次重修，但身体比例、坐势姿态、面形体征都基本保持了唐代的风貌。

据专家研究，此像为弥勒佛像，"弥勒"，意译为"慈氏"，是继承释迦牟尼的未来佛。佛教自传入中国开始，弥勒信仰便开始流行，特别是南北朝以来，在我国中原和北方广大地区，弥勒信仰十分盛行，弥勒造像也极为普遍，在十六国北凉国境内发现的14座北凉石塔，除1座毁坏不明外，其余13座刻有14尊弥勒菩萨像，莫高窟北凉、北魏、北周等洞窟都有弥勒塑像，如莫高窟第275窟高达3米的交脚弥勒菩萨塑像就是莫高窟北朝最著名的弥勒造像之一（图9-5）。隋唐时期，弥勒信仰更盛，信仰者不仅于僧侣阶层，而且遍及皇室、文人、民众等各个社会阶层，隋代高僧彦琮、灵

图9-3 敦煌莫高窟第96窟 大佛

图9-4 莫高窟第96窟 民国年间修复前大佛（华尔纳所拍照片）

干、智严等都是弥勒净土的向往者，唐代高僧玄奘曾造弥勒像1000铺，最后在众人念南无弥勒佛声中化寂，诗人白居易与140余人结社，虔诚信奉弥勒，并写下了《画弥勒上生帧赞并序》与《画弥勒上生帧记》，武则天和唐玄宗也都是弥勒信仰者，这一时期，敦煌石窟除继续塑造弥勒像外，还出现了大量场面宏大的弥勒经变画。据统计，在敦煌石窟102铺弥勒经变中，隋唐时期就有79铺。

在历史上，有关弥勒的佛经很多，但主要流行的经典有两部，即《佛说观弥勒菩萨上生兜率天经》和《佛说弥勒下生成佛经》。《弥勒上生经》主要讲述弥勒降生波罗奈国的婆罗门家庭，后皈依佛教，跟随释迦牟尼佛修习佛法，在释迦牟尼佛涅槃前，先行入灭上生兜率天宫，成为"补处菩萨"，在净土院为诸天说法。《弥勒下生经》主要讲述弥勒菩萨从兜率天宫下世，成道后教化众生，在龙华树下举行3次规模宏大的讲法活动，化度数万人，称作"弥勒三会"。释迦牟尼涅槃之

图9-5 敦煌莫高窟第275窟 弥勒菩萨像

图9-6 莫高窟第445窟 弥勒经变中一种七收场面

前，曾将自己的袈裟交给大弟子迦叶，并嘱托道：未来将有弥勒佛降世，他将接替我教化众生，你可把这袈裟转呈于他。弥勒成佛后，引众人到迦叶禅定处，唤醒了深入禅定的迦叶，于是迦叶把释迦牟尼的袈裟送给弥勒。这就是佛教所说的衣钵相传。佛经中还描绘，在弥勒降世之时，婆娑世界已从秽土变为净土，大地像镜子一样平整，名花软草遍铺于地，人的寿命长达84000岁，妇女500岁才出嫁；老人自知寿尽，便入墓平静地死去，没有痛苦；每天夜里有龙王洒水，罗刹扫地，庄稼一种七收，树上生衣；路不拾遗，夜不闭户（图9-6）。佛经所描绘的这些内容与现实生活十分贴近，都是普通的民众所向往的理想生活场景。所以人们急切希望弥勒能够早日下生成佛，降世人间，带来一个像弥勒净土一样的太平盛世，而作为统治者为了神化其统治，喜于宣扬弥勒信仰甚或以弥勒自喻。武则天就是这些统治者中的代表人物之一。

　　武则天政权结束以后，公元705年，唐中宗李显登基，恢复唐朝的制度，并下诏拆毁各州所建大云寺，其时，全国各地大云寺大多尽毁。敦煌的大云寺也应是在此背景下从历史上消失的，而敦煌莫高窟第96窟的大佛却保存了下来。大云寺虽然从历史中逝去了，但是佛教和弥勒信仰并未就此中断。随后的帝王唐玄宗就是弥勒信仰者，"上有所好，下必甚焉"，开元九年（721年），敦煌僧人处谚与乡人马思忠等人在莫高窟北大像之南建造了高26米的弥勒佛像，即莫高窟第130窟南大像（图9-7）。与此同时，在四川乐山也建造了高71米的弥勒大像（图9-8）。敦煌南北两大像和乐山大佛是大唐盛世高度繁荣的政治、经济、社会生活以及宗教信仰的重要见证。

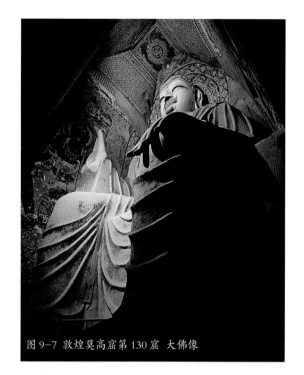

图 9-7 敦煌莫高窟第 130 窟 大佛像

图 9-8 乐山大佛

十、敦煌世族与莫高窟营建

◎ 陈菊霞

汉代以来，随着河西四郡的建立和汉朝对西北的开发，中原王朝不断派遣官员并从内地移民到包括敦煌在内的河西地区，这些官宦人家和迁徙人户随着岁月的流转而慢慢在河西一带扎根、繁衍，逐步形成了当地的世家豪族。到了唐、五代、宋，敦煌地方的豪强大族主要有张氏、索氏、李氏、阴氏、翟氏、慕容氏等。

敦煌世族在莫高窟营建洞窟的历史由来已久。有唐一代，更是世族营建"家窟"的活跃期和高峰期。所谓"家窟"，指由同一家族所建造的洞窟。在莫高窟，凡是规模宏大、艺术精美的洞窟多为世家大族所建，这些世族往往一家一窟，或一族数窟，且形成父子相继、祖创孙修的营建传统。如莫高窟第156、94、12、331、332、148、96、231、138、220、85、256等窟即是由张氏、索氏、李氏、阴氏、翟氏、慕容氏等世家大族营建的。张氏为敦煌第一大姓。特别是大中二年（848年），张议潮乘吐蕃王国发生内讧，率众起义，推翻吐蕃统治，收复瓜、沙二州。大中五年（851年），唐王朝在沙州设立归义军，以张议潮为节度使，张氏家族统治敦煌半个多世纪。张氏的历史详见本书第十二章，本章不再详述。

索氏

索氏是商王帝甲的后代，因子丹被封于京索间而始以"索"为姓。汉武帝元鼎六年（前111年），西汉太中大夫索扶直谏犯上，害怕被诛，遂全家西迁敦煌。王莽天凤三年（16年），都尉索骏亦徙居敦煌。由于索扶原住钜鹿之北，故号称"北索"；而索骏住钜鹿之南，故号称"南索"。由此，敦煌索氏分"北索"和"南索"两支。

汉晋以来，索氏在敦煌一直是较引人注目的世族，人才辈出。西晋时号称"敦煌五龙"的才子中，就包括索靖、索珍、索永。特别是索靖以书法著称。另外还有以文学著名的索敞等。隋至唐初，索氏仍是敦煌当地颇具影响的名门望族。他们中有许多人活跃在政治舞台上。大中二年（848年），张议潮建立归义军政权。由于索氏为张议潮收复瓜、沙、肃、甘、伊、凉等州发挥过重要作

图 10-1 莫高窟第 12 窟 东壁门上部 索义辩供养像

用，所以，索氏在归义军政治集团中占有举足轻重的地位。

索勋是都督索琪的儿子，张议潮的女婿，曾参与过收复凉州的战争，归义军建立后，任瓜州刺史兼墨离军使。后来，张氏归义军内部发生政变，张淮鼎杀节度使张淮深而自立。不久，张淮鼎去世，临终前，他将幼子张承奉托孤于索勋。然而，索勋借机篡权，自立为节度使。这引起了李明振妻张氏的不满，她与诸子合力杀掉索勋，重立张承奉为归义军节度使。

吐蕃时期至归义军时期，索氏在僧界的势力也很大，有很多索氏成为敦煌佛教教团的高级僧官，如担任都教授、都法律、都判官等职。其中，表现较为突出的是索崇恩和索义辩。

索崇恩乃晋司空索靖之后。他德行高尚，平易近人，受到吐蕃驻河陇最高长官节儿以及吐蕃宰相的尊重，并被擢升为敦煌僧界的最高长官——都教授。张议潮收复河西后，索崇恩还曾跟随都僧统洪辩等人入京献表。后来，当唐悟真再次入朝时，宣宗皇帝还问候索崇恩，并赏赐他物品。由于索崇恩出身名门世家，其经济势力颇为强大，他不仅组织重修敦煌某寺，还在临终时将大量的土地、农具、牲畜、家具、衣物、宅舍等施给净土寺、合城大众、都司、报恩寺及侄僧惠朗、表弟阎英达、吴三藏、翟僧统、梁僧政等人。

索义辩是金光明寺僧人，主要活动于蕃占时期和归义军早期，曾任都法律一职。索义辩精习佛经，信奉禅宗。他不仅写大乘教藏，还经常讲授大乘经义。

图10-2 莫高窟第12窟 西壁龛下 供养人像列

由于他讲解生动，致使许多僧尼和民众常常来听他讲经。他还乐于施舍财资，供养三宝，并在家中修建宝刹。此外，他还在莫高窟营建功德窟——第12窟。此窟是个中型洞窟，窟内绘有弥勒、法华、观无量寿、药师等经变。前室三壁下部画有乐队、仪仗队、驼马队、供养人物等，这意在表现索氏供养人的法会行列，以此显示索义辩的崇高威望和索氏家族的气势（图10-1、图10-2）。

索氏家族势力虽然因索勋被害而受到一定程度的影响，但他们凭借着强大的经济势力，以及与李、阎、阴、曹等敦煌大族缔结的姻亲关系，仍保持着敦煌大族的地位。

李氏

敦煌李氏为汉李陵之后，属代北李，是中原的豪门大姓。在北周时期，李穆之子李操因谪贬而迁居敦煌，自此，子孙繁衍，逐渐成为敦煌当地的大族。但自李唐王朝建立后，为了避李陵投降匈奴之耻，并与李唐皇室攀宗，李氏便冒称是凉武昭王李暠之后，并自称望出陇西狄道。

在初唐时期，李氏家族已涌现出不少显官要人，如左玉铃卫效谷府旅帅李达、效谷府校尉李克让、紫金镇将李怀操、西州白水镇将李怀恩、甘州禾平镇将李感等。李氏家族不仅充斥军政要职，而且该家族具有强大的经济势力，在李达建造莫高窟第331窟后，其子李感、李克让又发动兄弟子侄营建了莫高窟第 332 窟（图 10-3）。

　　《李克让修莫高窟佛龛碑》又简称《圣历碑》，是以李克让为首的李氏家族营建莫高窟第 332 窟的功德碑。该碑原立于莫高窟第 332 窟前室南侧，1921 年，被窜留在莫高窟的沙俄旧部毁为两段，后又经磨损、破坏，现仅存碑阳一方，藏于敦煌研究院。值得庆幸的是：徐松的《西域水道记》、张维《陇右金石录补》、罗振玉《西陲石刻录》等都对该碑做过录文，而且，伯希和所劫掠

图 10-3 莫高窟第 332 窟　内

的P.2551写本正是该碑的碑文抄件。这些录文和P.2551写本的存世对我们了解莫高窟营建史具有极其珍贵的史料价值。

据《圣历碑》记载，当时，时任昭武校尉、甘州禾平镇将的李感和任左玉钤卫、效谷府校尉的李克让兄弟在闲谈之间，感叹人生无常，生死随起随灭，遂在莫高窟开龛一所，即今第332窟。但李感在开窟期间去世，第332窟的营建事宜则由其弟李克让、李怀操、李怀节、李怀忠、李怀恩以及李奉基、李奉逸、李奉诚、李奉国、李奉裕等子侄负责操办。至圣历元年（698年）五月十四日，第332窟完工，李氏家族为此立碑颂功。

第332窟南壁的涅槃经变共画出临终遗教、双树病卧、入般涅槃、入殡、为母说法、出殡、焚棺、八王争舍利、起塔供养9组画面。这种多幅多情节且具有连环画形式展开的涅槃经变较隋代单幅情节的涅槃经变有了新的创新和突破。像第332窟这类涅槃经变的出现和流行，又与武则天时期大力推崇弥勒信仰有关，因为释迦的涅槃有利于"弥勒下生"的当朝武周皇帝即位。由此可见，第332窟的壁画内容具有一定的时代性和世俗性。

又据《圣历碑》记载，李克让的父亲李达"行能双美，文武兼优"，曾任左玉钤卫、效谷府旅帅、上护军。他尝叹息说：人生在世，岂能虚度光阴？于是在莫高窟开窟造像，即今第331窟。此窟的开工时间不明，只知其建成于圣历元年（698年）之前。

第331窟的法华经变是初唐法华经变的代表作。整幅经变以七宝塔为中心，上接虚空会，下连灵鹫会，左右分画《序品》《普贤菩萨劝发品》《提婆达多品》等，从而形成一个左右对称、上下协调的新式法华会场面。

时至盛唐晚期，李氏又出了一位名人，他即是李达的曾孙、李奉国之子李大宾。李大宾时任朝散大夫、郑王府咨议参军。这里的"郑王"指唐代宗第二子李邈，大历初年，代皇太子为天下兵马元帅。作为"郑王府咨议参军"，李大宾带给李氏家族的荣耀是显而易见的。为了炫耀这一殊荣，以李大宾为首的李氏家族在莫高窟又营建了第148窟。参与营建的李氏成员还有李大宾之弟僧政李灵悟、李朝英，及其子侄李子良、李子液、李子望、李子羽等人。

《大唐陇西李府君修功德碑》简称《大历碑》，是李氏家族营建莫高窟第148窟的功德碑。该碑保存完好，现存莫高窟第148窟前室南厢。由藏经洞出土，被斯坦因和伯希和分别盗去的S.6203写本和P.3608、P.4640写本是该碑的碑文抄件，其中P.3608保存完整，而P.4640和S.6203只残存部分碑文。

第148窟位于莫高窟南区南段2层，洞窟形制为平面呈横长方形，券顶。

图 10-4 莫高窟第 148 窟 内景

西壁前砌佛床，上塑释迦牟尼佛涅槃像。释迦牟尼佛身长 15 米，双眼微闭，神情安详，右胁枕手，累足而卧。其身后有佛弟子、天人、菩萨等举哀圣众 72 身（图 10-4）。西壁的涅槃经变长约 23 米，高约 2.5 米，总面积约 58 平方米，是莫高窟面积最大的一幅经变画。

　　第 148 窟建成于大历十一年，即公元 776 年。可以说，这一洞窟是在特殊年代开凿的。因为天宝十四年（755 年），安禄山在河北发动叛乱，唐王朝被迫调动包括敦煌在内的河西、陇右等地军队入援，西北边防由此削弱，吐蕃乘机侵占了河陇广大地区。至唐代宗大历之时，敦煌孤悬一隅，城池面临陷落。就在这大敌将临、烽火连天的危难时刻，李氏家族开凿了第 148 窟，并在窟中绘制了旨在宣扬忠君报国思想的《报恩经变》，借此激励敦煌军民同仇敌忾，共同抗击吐蕃军队（图 10-5）。

　　至张氏归义军时期，李氏家族发展到了顶峰，其代表人物是李明振夫妇及诸子。李明振，文武双全，声望颇高，被归义军首任节度使张议潮择为女婿。作为张议潮的女婿，李明振在仕途上可谓一帆风顺。大中年间，他受张议潮派遣前往朝廷"献捷"。当时，宣宗皇帝亲自召见了李明振一行人，并当面询问了李明振之祖系。这时的李明振手持家谱，镇定自如地向宣宗皇帝说明了他们出自凉武昭王李暠之后的系谱，这一陈述使得宣宗皇帝"冲融破颜"，格外高兴。由于李明振在这次出使中表现突出，遂被任命为凉州司马。

　　李明振作为李大宾的后人，曾重修过第148窟。有一次，李明振在巡礼莫高窟时看到第148"家窟"前的木构建筑经战乱及年久失修，于是发动兄李明达、李明德、李明诠等人对其进行重修。经过这次重修，第148窟窟檐又重新

图10-5 莫高窟第148窟 甬道顶南披 报恩经变孝养品

恢复了昔日的辉煌壮观。

张氏归义军后期，政局有所不稳。张议潮归朝后，由其侄张淮深出任归义军节度使，但张议潮之子张淮鼎不满张淮深的执政，遂杀死张淮深而自立。不久，他本人去世。临终前，他将幼子张承奉托孤于索勋。然而，索勋借机篡权，又自立为节度使，这又引起了李明振妻张氏的不满，她与诸子合力杀掉索勋，重立张承奉为归义军节度使，但归义军军政实权掌控在李氏诸子手中，其长子李弘愿出任沙州刺史兼节度副使，次子李弘定出任瓜州刺史，三子李弘谏出任甘州刺史，四子李弘益任神武军长史。为了炫耀李氏家族这一时期的"兴盛"，李明振妻张氏与诸子借李明振重修第148窟为由，又竖立了《乾宁碑》，以此为李氏歌功颂德。但是好景不长，张氏及其诸子的跋扈又引起瓜沙大族的不满，他们遂于公元896年将李明振留在沙州的诸子杀害，由李氏独揽的军政大权自此以后实归节度使张承奉。李氏家族由此一蹶不振。

阴氏

敦煌阴氏乃帝喾之苗裔，殷王武丁之后，遂以"阴"为姓。阴氏始迁敦煌的时间不详，大概在汉代，一位从南阳新野来的阴氏因长年在河西从军征战而世居敦煌。至西晋末年，阴氏已逐渐发展为河西的豪强大姓。晋惠帝永宁元年（301年），张轨出任凉州刺史时，他的4位"股肱谋主"中就有阴充、阴澹2位阴氏。时人评价说："张轨保有凉州，阴澹之力居多。"阴澹后转迁督护参军、武威太守。张茂执政时，又将阴澹任为敦煌太守。阴澹就任期间，发动民众在沙州西南修建了一条长3.5公里的水渠，当地百姓获利颇多，为了纪念阴澹，特将此渠命名为"阴安渠"。阴安渠至五代、宋还一直被使用，它对促进敦煌的农业生产发挥了重要作用。前凉政权中，阴氏担任显官要职的颇多。

至隋、唐、五代、宋，阴氏再次兴起，并成为敦煌的名门望族。其中以阴稠一支最为显赫。阴稠，志性清高，不好荣禄，授邓州刺史。他的4个儿子个个都出众，长子阴仁干，为沙州子亭镇将；次子阴仁果，为甘州甘峻府左果毅都尉；三子阴仁协，使持节岷州诸军事行岷州刺史；四子阴仁希，为左武卫将军。从阴稠诸子的官衔来看，阴稠一家应以军功起家。至阴稠孙辈时，阴氏更是盛极一时。阴嗣业为使持节岷州诸军事行岷州刺史；阴嗣璋为使持节瓜州诸军事检校瓜州刺史；阴思谏为原州安善府左果毅都尉；等等。其中以阴嗣监最为有名，唐任正议大夫、北庭副大都护、瀚海军使、兼营田支度等使。其后人多称"都护之后"。

阴氏的再次兴起与强盛，除了他们积极参与战事，以武功兴家外，还有一个原因不容忽视，那就是武则天的称帝给阴氏带来了发家的好机会。显庆五年（660年），唐高宗身染重病，开始让皇后武则天参与治理朝政。载初元年（690年），武则天废唐睿宗，改唐为周，自称皇帝，改元天授。一些地方官员为了奉承和讨好武则天，不断表奏瑞应，为武则天掌权制造舆论。当时沙州刺史李无亏就向武则天表奏了4件瑞事，其中2件都与阴氏有关。他表奏的第一件瑞应是：大周天授二年（691年），阴嗣鉴在平康乡武孝通园内，发现了一群非同寻常的鸟，这些鸟头上长冠，红嘴红足，翅尾是青、黄、赤、白、黑五色。当州里的官员和百姓听说此事后都纷纷赶来观看，而这些五色鸟不但不惊恐，反而跟随他们前行。李无亏表奏道：这些五色鸟为阴嗣鉴所见，"阴"者母道，"鉴"者明也。这一瑞应预示着母道将明，也就是说：武周政权将会昌明。表奏的第四件瑞应是：天授二年，阴守忠上状称，有一只狼经常到他的庄边来，令他惊奇的是：这只狼毛色雪白，见到小孩和牲畜却不加伤害。李无亏表奏道：阴者臣道，天告臣子，并守忠陛下。这一瑞应的出现，是上天在告诫大周臣民，要守忠武周政权。显然，这两件瑞事都是拿阴氏之"阴"来代指"母道"和"臣道"，以阴嗣鉴和阴守忠之"鉴"和"守忠"之名告诫天下：武周政权要昌明，臣民们要为则天陛下守忠、效力。武则天是一位女性，她称帝后，敦煌阴氏频见瑞应，这象征着由武则天这位女性建立的武周政权将会繁荣昌盛。这正是敦煌地方官吏利用阴氏"做文章"的用意所在。而阴氏也因此得到了很多好处。一方面，地方官吏肯定要大力扶持阴氏，因为阴氏强盛，则预示着武周政权愈加牢固。而阴嗣鉴（监）敬奉五色鸟和阴守忠发现白狼之事也颇得武则天欢心，遂擢升阴嗣鉴（监）为北庭副大都护，阴守忠为忠武将军、行左领军卫凉州丽水府折冲都尉、摄本卫郎将、仍充墨离军副使。这给阴氏家族带来了极大的荣耀。

武则天为了顺利登基，还大力推崇弥勒信仰，并自诩为弥勒下生，作阎浮提主，使其篡权变得"合法化"。证圣元年（695年），武则天加"慈氏越古金轮圣神皇帝"尊号。随后，全国兴起造弥勒大像之风。延载二年（即证圣元年），敦煌禅师灵隐和居士阴祖等人在莫高窟造弥勒菩萨大像（俗称北大像）。这再次显示出阴氏为武周政权摇旗助威的声势。

吐蕃占领敦煌后，阴氏亦成为吐蕃上层拉拢的对象，其中以阴伯伦一家较为有名。阴伯伦出身于世宦家庭，他的祖父阴嗣瑗，曾任唐正议大夫、检校豆卢军事、兼长行坊转运支度等使。父亲阴庭诚，文武双全，大历年间任沙州乡贡明经摄敦煌州学博士，曾将百卷《籯金》缩写为简本，后官至右骁骑守高平府左果毅都尉。阴伯伦，唐任游击将军、丹州长松府左果毅都尉；蕃占时期，改授沙州道门亲表部落大使。阴伯伦有4子，皆有名。次子阴嘉义，长于武功，任大蕃瓜州节度行军先锋、部落上二将；三子阴嘉珍，擅长书法算术，任大蕃瓜州节度行军并沙州三部落仓曹及支计等使；四子阴离缠，僧人，僧官至都法律。阴伯伦的4子中，惟有长子阴嘉政居家未仕。有一天，阴嘉义见兄阴嘉政闷闷不乐，欲言又止，经再三追问，阴嘉政向他说明了打算在莫高窟为当今圣主和七代开凿洞窟的想法。未料，此事立即得到了阴嘉义、阴嘉珍和阴离缠的积极响应。他们兄弟齐心协力，在莫高窟开凿了一所家窟，即第231窟（图10-6）。

　　归义军时期，阴氏一直保持着敦煌名门望族的地位。他们不仅频繁与归义军最高统治者张氏家族和曹氏家族互通婚姻，而且与敦煌名族李氏、翟氏、宋氏等都有婚媾。有趣的是：李明振玄孙李存惠竟然还入赘阴家，其子女均以阴为姓。在仕途方面，有众多阴氏充斥归义军政权，其中还涌现出一些有名人物。如阴文通，自小就蕴习武略，在张氏归义军初期，曾参加过3次大的战争，因战功突出而被迁任为左马步都押衙。而且他与张议潮一家的私交也很深，时人称其为"司空半子"。张承奉时期，金山国与甘州回鹘之间多次发生战争。在面临国破家亡的危急时刻，金山国将士不顾安危，浴血奋战，多次击退敌人的进攻。在这些战斗中，涌现出了许多可歌可泣的英雄故事。阴仁贵就是其中之一。他是金山国的一名将领，在与甘州回鹘的决战中，他"当锋直入"、英勇破敌的英雄事迹一直被后人广为传颂。曹议金执政后，因为一直没有得到中央王朝的任命，后唐同光二年（924年）夏秋之际，曹议金再次派出贺正专使前往后唐京城汴梁请赐旌节。这次所派使团规模较大，共有29人，其中押衙3

图10-6 莫高窟第231窟 东壁门上 阴伯伦夫妇供养像 中唐

人、衙前兵马使8人、什将5人、长行13人。这次使团的负责人是阴信均。曹议金将如此重大的事情交给阴信均负责，可见对他的信任和重用程度。而且，阴信均还成功完成了出使任务，后唐授曹议金归义军节度使检校司空。

归义军时期，阴氏在僧界的势力也很强。不仅有众多的阴氏落发出家，有些还担任僧职，其中阴海晏还成为佛教教团的最高僧官——都僧统。阴海晏出身名门，他的父亲阴季丰任凉州防御使。他本人禀性清廉，名高物外，自幼慕道出家，禅律双修。亡于后唐长兴四年（933年）。有学者认为：莫高窟第138窟为阴海晏的功德窟，第139窟是阴海晏的影室，窟内的禅僧塑像即阴海晏影像。第138窟的南壁和东壁均绘有报恩经变，这充分说明阴氏家族忠君报国的一片赤诚之心。

翟氏

翟氏本属丁零族，原居于今贝加尔湖一带，后来，有包括翟氏在内的一部分丁零人南下与鲜卑人融合在一起，从而构成乞伏鲜卑部落。这支部落经多次迁移至陇西一带，又通过频繁的战争兼并，融合了活动于陇西一带的其他鲜卑部落和当地的羌族等，最后形成乞伏鲜卑联盟。这个乞伏鲜卑联盟还建立了乞伏政权，史称"西秦"。因为翟氏是乞伏鲜卑联盟的重要组成部分，所以，其家族成员大多在西秦政权中任职，有些甚至高居显位。其中最有名的是翟勍，他位任西秦尚书令，东晋义熙八年（412年），又被国主乞伏炽磐迁任为相国。凭借着强大的政治势力，翟氏家族遂成为陇西的"大家"。

约在6世纪前后，一位陇西翟氏因前往敦煌"从官"，其眷属随定居于敦煌。这支翟氏为了在崇尚郡望（指显赫祖先居住过的地方）和门第的士族社会立足扎根，他们在初迁敦煌时便冒引中原冠族翟汤、翟庄、翟矫、翟法赐一门之"浔阳"郡望。这一附会不仅提高了翟氏在敦煌当地的社会地位，同时也打开了翟氏与敦煌大族通婚的方便之门。早在唐初，翟通已娶敦煌南阳张氏之女。而南阳张氏是敦煌著名的旧族，翟氏在迁居敦煌不长的时间内能与敦煌"首望"张氏攀上姻亲，这足以说明翟氏势力发展之迅速。

翟氏虽然最初只以"浔阳"为郡望，但后来随着家族的不断发展和繁衍，其中一族支又以先祖汉丞相翟方进的居住地——"上蔡"作为自己的郡望。故此，敦煌翟氏出现浔阳翟氏和上蔡翟氏之分。虽说这两门翟氏所持的郡望不同，但他们都自视为同一家族，并共同参与一些大型的活动，如在莫高窟共同营建洞窟等。

唐初，突厥、吐谷浑等少数民族时常侵扰河陇边界。为了维护西北边界的安宁，唐王朝集中兵力与西突厥展开了争夺西域的战争，先后平定了高昌、龟兹等地。而后，随着吐蕃的日益强大，唐王朝又与吐蕃在西域和河陇一线燃起战火。因敦煌僻处西北边陲，这种特殊的战争态势一直影响着敦煌人民，为了保家卫国，包括翟氏成员在内的敦煌青壮年都积极参加了这些战争，他们中的一些人因战功显著而获得提拔，如翟氏当中就有出任金城镇将、柏堡镇将、武威洪池府果毅都尉等职的。被翟氏后人称为"望重人伦，德高士族"的翟直，就曾在贞观三年（629年）抗击突厥寇掠河西的战斗中表现突出、屡立战功而受到当朝皇帝的赞誉。贞观四年（630年），伊吾城主石万年举城归唐，唐王朝遂任命翟直为伊吾郡司马。因翟直政绩突出，在他去世后，其子孙还奏请在翟直的宅所"立宫"，所立之宫规模宏大、建造华美。可以说，唐初复杂多变的西北边事以及频繁发生的战争，使更多的翟氏成员因荣立功勋而担任河西军政要职，这也极大地提高了翟氏在敦煌当地的社会、政治地位。

在中唐和晚唐时期，翟氏家族总体处于一个平稳发展的态势。同时在僧界，也产生了像翟法荣这样的有名人物。翟法荣乃龙兴寺僧人，在吐蕃占领敦煌时期，他曾担任过法律、僧政等职，归义军成立后，他又曾蒙唐朝皇帝"敕赐紫衣"。咸通三年（862年），张氏归义军第一任都僧统洪辩去世，法荣随擢升为都僧统。

翟家出了法荣这样的高级僧官，是何等的自豪和喜悦啊！为了表示庆贺，他们在莫高窟专门营建了第85窟。这次主持营建的翟氏成员除法荣外，还有法荣的亲弟弟翟神庆和侄子翟怀光、翟怀恩。翟神庆时任敦煌县尉，他为人谦温，为官清廉，且忠孝并立，深受当地民众的喜爱。或许是翟神庆把太多的精力投入了第85窟的营建活动，终因劳累过度而于咸通五年（864年）去世。自他辞世后，其子翟怀光和翟怀恩继续协助法荣最终完成了第85窟的营建工程。第85窟是晚唐的一个大窟，分前室、甬道和主室三部分，主室东西长11米，南北宽10米。第85窟始建于咸通三年（862年），竣工于咸通八年（867年）。短短5年的时间，翟氏家族竟然能凿建出像第85窟这样的大型洞窟，这不能不说是莫高窟营建史上的一个奇迹。而且，在莫高窟凿建一个洞窟需"费税百万"，翟家在如此短的时间内凿建出第85窟这样的精美洞窟，这也充分显示出翟氏家族非同一般的经济实力。

曹氏归义军时期是翟氏家族发展历程中的一个辉煌期。其突出表现是：翟氏与敦煌最高统治者曹氏家族缔结了姻亲关系。翟氏将2位女儿分别嫁给了曹议金的儿子曹元德和曹元忠。而曹元德和曹元忠又都先后出任过节度使，尤其是曹元忠，他统治敦煌长达30年，在他执政期间，政局稳定，人民安居乐业，可算是曹氏归义军政权的黄金时期。而嫁给曹元忠的翟氏夫人是曹元忠的唯一

莫高窟史话

夫人，作为贤内助，她为曹元忠取得这些辉煌政绩做出了一定的贡献。她不仅和曹元忠一起主持修建了莫高窟第61、55窟，重修了第96窟窟檐，还积极参加敦煌当地的各种佛事活动，并经常带动姻亲妇女进行布施、供养活动等。翟氏夫人身体力行的信佛举措为敦煌民众树立了很好的榜样，她对佛教的热忱和参与佛事活动的表率作用也大大推动了敦煌的佛教文化事业。可以说，翟氏夫人是一位活跃在敦煌政治文化舞台上的杰出女性。她的特殊身份和卓越才华，使得翟氏在敦煌政治文化史上写下了值得骄傲的一笔。

通婚总是双向的。曹议金也将长女和与回鹘天公主所生的第十四女嫁给了翟家。为了炫耀这一婚姻成果，以曹议金长女为代表的翟氏家族又重修了第85窟。这次重修主要包括：修建窟前殿堂，重修窟内甬道和重绘主室东壁门北侧的供养人画像等。重修后，曹议金长女将自己的画像画在了主室东壁门北侧，将其父曹议金的画像画在了甬道南壁。

图10-7 莫高窟第220窟 甬道北壁 新样文殊变及供养人像

与曹氏的频繁联姻最终确立了翟氏在敦煌世族中的显赫地位。此时，为数众多的翟氏成员步入仕途，充斥归义军政权，有些还担任显官要职。如翟使君，他是曹氏归义军后期府衙中仅次于刺史的高级官员。一些翟氏还出任都指挥使、都押衙、镇使、都头、押衙等职。时至10世纪，翟氏中又涌现出一位知名文人，他名叫翟奉达。翟奉达是敦煌著名的历法家。因为敦煌僻处边陲，与中原的交通不很畅通，所以，敦煌不得不使用本地历。10世纪上半叶的敦煌历日基本都是由翟奉达主持编撰的，藏经洞还出土了由他主持撰写的历日6部。翟奉达还撰写过《寿昌县地境》1卷，这部地境已成为学者研究敦煌古代历史和地理不可或缺的史料文书。此外，翟奉达还是一位热衷佛教事业的人士。早在年轻时候，他就抄写过《持诵金刚经灵验功德记及开元皇帝赞金刚经功德一卷》和《金刚般若波罗蜜经》。后唐同光三年（925年），作为翟通的八代曾孙，翟奉达又重修了莫高窟第220窟甬道，他在第220窟甬道北壁绘制了新样文殊变及其祖孙四代的供养人画像，并题写"重修愿文并颂"，在甬道南壁龛外西侧另题写"检家谱"（图10-7）。后周显德五年（958年），翟奉达的妻子去世，为了给亡妻追福，他和他的儿子在十斋法会上一一抄写了《佛说无常经》《佛说水月观音菩萨经》《佛说咒魅经》等10部佛经，这些佛经是保存下来有关"七七斋"的唯一抄经，它对研究"七七斋"写经活动具有弥足珍贵的价值。

根据有关碑文和题写于第220窟甬道的《检家谱》记载，第220窟的最初营建者是翟通，他时任"乡贡明经授朝议郎行敦煌郡博士"，石窟未完成，翟通去世。其子，时任伊吾郡司马的翟直带领家族成员最终完成了营建事宜。由此，第220窟西壁龛下题写了"翟家窟"三字，表明了此窟的"家窟"性质。

第220窟的始建时间至今不详，但"贞观十六年"时石窟仍在营建中，至唐龙朔二年，即公元662年竣工。由此可知，翟氏家族营建第220窟花费了几十年的时间。此窟东壁门两侧画维摩诘经变。画面中的维摩诘身披鹤氅裘，头束白纶巾，手挥麈尾，身体微向前倾，似乎正与文殊菩萨激烈辩论着大乘佛教哲理。而另一侧的文殊菩萨则头戴宝冠，身披天衣璎珞，在诸菩萨、大弟子及诸天人的簇

图10-8 莫高窟第220窟 东壁北侧 维摩诘经变之"帝王图"

图10-9 莫高窟第85窟 法华经变

拥下，神态自若地与维摩诘展开辩论。维摩诘经变中的帝王问疾场面更是群像之杰作，帝王头戴冕旒，双臂张开，完全一副昂首阔步、气宇轩昂的天子形象；而身后簇拥的侍臣则谦恭随和、落落大方。整个人物无论从面部神情，还是形体姿态都表现得生动得体、栩栩如生。这幅画比阎立本的《历代帝王图》约早30年，但与《历代帝王图》相比，它在人物形象的刻画上要更胜一筹（图10-8）。

第220窟是莫高窟艺术史上的一座里程碑。无论从壁画的构图气势，还是绘画风格来说，它较以往的敦煌壁画都有重大的突破。这种场面宏大、构思新颖、技法精湛、色彩瑰丽的新画风应来源于中原。因为自唐太宗发兵平定高昌以后，丝绸之路又恢复畅通，这时，流行于中原的一些画风和画派开始传入敦煌，并与传统的敦煌画风相融合，最终酝酿出第220窟的"新风貌"。

莫高窟第85窟是都僧统翟法荣的功德窟。主室绘制有14幅经变画，是莫高窟容纳经变画最多的洞窟之一。特别是佛教净土信仰的主要内容，如弥勒经变、阿弥陀经变和药师经变等，表明了唐代净土信仰的流行。另外，第85窟作为都僧统翟法荣的庆功窟，它在壁画内容的取材和设计方面又反映出法荣个人的一些信仰特点。因为法荣是一位禅师，并兼奉南北二宗。所以法荣在设计绘制第85窟时，他选择了与禅宗有关的楞伽经变、金刚经变、密严经变和思益经变入画；并且，还在中心佛坛上设计塑造了手拿《金刚经》的迦叶像，这些都充分反映出法荣的禅宗信仰思想。另外，法荣的《邈真赞》还称他"义门法华"，由此而知，他对《法华经》应有很深的造诣。第85窟的法华经变绘于窟顶南披，经变规模宏大、内容丰富、情节众多，整铺经变的榜题数竟达到102个，其内容涵盖《法华经》28品中之24品。可以说，第85窟的法华经变是莫高窟法华经变中的代表作（图10-9）。

慕容氏

三国时，鲜卑族首领莫护跋非常喜欢汉人所戴的步摇冠（一种带有悬垂装饰物的帽子），就请人仿制了一顶，整天戴在头上，鲜卑人借此称他为"步摇"。在当地的方言中，"步摇"读作"慕容"，所以，逐渐讹传为"慕容"。后来，莫护跋的后人又将自己的部落命名为"慕容部"。西晋时，慕容廆占领燕北、辽东一带，自称鲜卑大单于，他的儿子慕容皝后来建立前燕国，从此正式以"慕容"为姓。

西晋末，辽东鲜卑慕容部的一支在首领吐谷浑的率领下西迁到枹罕（今甘肃临夏）。不久，又向南、向西发展，统治了今甘南、四川西北和青海等地的氐、羌部，建立吐谷浑国。唐龙朔三年（663年），吐谷浑被吐蕃所灭，国王诺曷钵奔走凉州。后来又率领部众内附，唐徙其部众于灵州，置安乐州，以诺曷钵为安乐州刺史。唐贞元十四年（798年），灵州刺史吐谷浑可汗慕容复去世，慕容氏自此失去领导地位，开始走向衰落，其族裔分迁他处。在张氏归义军时期，因为敦煌遣使大多途经灵州入贡唐廷，所以，灵州的上层人物对敦煌较为了解。唐僖宗中和五年（885年）前不久，慕容归盈家族辗转迁居敦煌。

慕容归盈家族西迁敦煌后，被安置于洪池乡一带。唐天祐三年（906年），随着唐王朝的灭亡，节度使张承奉在敦煌称帝，建立"西汉金山国"。一次，匈奴入侵金山国，张承奉组织抗击。战争一开始，慕容归盈便置生死于不顾，率先出战，他胆识过人，英勇善战，在战斗中生擒匈奴将领。由于慕容归盈的战绩卓著，被时人誉为白马将军。后人还将慕容归盈等人的传奇故事写为歌赋，广为传诵。

因为慕容归盈家族曾是灵州的显贵，所以，其家境非常富裕。慕容氏迁居敦煌后，为了尽快跻身沙州士族行列，他们冒称清河郡望。慕容归盈娶曹议金大姐为妻。公元914年，曹议金取代张承奉，废金山国，重建归义军政权。新政权建立后，慕容归盈作为曹议金的姐夫被任命为瓜州刺史。慕容归盈治理瓜州长达20多年，历经曹议金、曹元德二代，可谓是曹氏统治时期的二朝元老。正因为慕容归盈在归义军中资历较高，所以，在治瓜州期间，他曾3次遣使与沙州一起入贡。公元934年,他又被后唐加封为瓜州刺史检校尚书左仆射。慕容归盈是曹氏归义军时期唯一一位异姓刺史,由此可见他在归义军政权中的显赫地位。在慕容归盈去世后的30余年,瓜州僧俗官吏百姓还上书节度使曹元忠,请求为慕容归盈设立神位。

慕容氏与曹氏统治者世代联姻。如:慕容归盈的儿子娶曹议金第六女,曹元忠将长女出嫁给慕容归盈的孙子,曹延恭娶慕容氏之女,等等。继慕容归盈之后,慕容氏又涌现出一位重要人物,即慕容长政。他先任管内都押衙行常乐县令,后来,又主持管理仓司。10世纪末,他又被提升为使君。在归义军时期,使君最初是对使持节瓜州诸军事者的敬称,但到了10世纪中后期,它演变为实职,主要指节度使亲使,负责仓司和诸寺院仓库的管理工作。这一时期的使君,是仅次于刺史的高官,其显贵程度不言而喻。慕容长政还参与过莫高窟第202窟的重修工作。

慕容氏另一重要人物是慕容言长,他是慕容归盈的孙子,为玉门使君,检校官至尚书左仆射。莫高窟第256窟为慕容归盈夫妇始建。至五代、宋,其孙慕容言长与其夫人阎氏又对其进行过重修。慕容归盈的另一孙子慕容保实还在榆林窟兴建了第12窟,并在窟内绘制慕容归盈出行图(图10-10)。

图10-10 榆林窟第12窟 南壁 慕容归盈出行图

十一、吐蕃与莫高窟

◎ 赵晓星

大漠孤岛的抵抗与陷落

1. 飞地

唐朝极盛时期的疆界本来是东抵大海，西逾葱岭，自安西、北庭、陇右、河西到首都长安，驿道相连，烽燧相望。然而，公元755年"安史之乱"爆发以后，吐蕃利用唐朝内乱的有利时机，拓土唐境，占领了陇右诸州，切断了安西、北庭、河西与中原的一切交通，从而使统一的唐朝疆域断裂为二。吐蕃又进一步自东向西，逐步蚕食河西诸州，到周鼎接任河西节度使时，河西唐朝辖地只剩下瓜、沙二州了。瓜、沙二州虽尚未被吐蕃占领，但此时已路绝中原，被隔断在唐朝的直接统治区之外，成为鞭长莫及的飞地。公元776年，吐蕃攻陷瓜州，唐军守将瓜州刺史兼御史中丞、知河西节度留后张铣殉难。瓜州的陷落使沙州（即敦煌）成为唐朝在河西保有的最后一座州城。

在公元776年8月之前，沙州虽已成为河西孤岛，已被吐蕃包围数年，但还算平静。此时，正是敦煌豪门李大宾在莫高窟兴建功德窟（现莫高窟第148窟）之时。河西节度使周鼎还仪仗隆盛地到莫高窟去庆贺李大宾功德窟的建成，亲临此窟巡礼。可见，当时敦煌尚无告警之相。但不久，吐蕃就兵围沙州。

2. 兵变

公元777年，吐蕃围兵转胜，赞普本人徙帐南山，令尚绮心儿率军攻打沙州。沙州刺史周鼎最初以固守为主要策略，并向回鹘请求援兵。谁知回鹘兵逾年不至，求援无望。而此时，河西路断，景象残破，沙州完全成为孤岛。虽然唐王朝尚可借道回鹘与安西、北庭保持联系，却难以发兵支援被困的沙州。周鼎面对这种局面，固守的信心大为动摇，居然意图置数万沙州百姓的安危于不顾，计划焚烧州城，从漠北东奔回唐。

随着周鼎守城信心的动摇和东奔计划的出台，他本人也越来越不受信任，部下纷纷反对他焚城东逃的计划，一场兵变正悄悄酝酿。秋日将尽，初冬稍至，为了准备过冬，周鼎派遣部将阎朝率壮士行视水草。阎朝是当时的都知兵马使，开府仪同三司，因其郡望太原，故又被称为"太原阎"，他的家族是敦煌有名的大族，他本人在敦煌也很有威望和影响。阎朝在接到周鼎的派遣命令之后，于清晨来到周鼎处拜谒辞行，恰好周鼎的亲信属吏周沙奴也在帐中。阎朝谎称要与周沙奴比赛射箭，周沙奴将弓让给阎朝先射。阎朝抓过弓箭，举弓将沙奴射死，然后将惊魂未定的周鼎捉住，并用绳子将周鼎勒死。此后阎朝自领州事，继续坚持保卫沙州、抗击吐蕃的事业。

在抵抗吐蕃的第九个年头，抗蕃事业遇到了最大的一个难关，军备粮草即将耗尽，沙州处境十分艰难。为了解决军粮问题，阎朝推出用丝绸向民间交换粮食的募粮政策，一时间得到众多百姓的响应，百姓纷纷将家里储备的粮食拿来交换。军粮有了，阎朝非常高兴，他说官兵们有了粮食，就可以继续死守城池了。

3．出降

公元781年，阎朝所率领的沙州守军经过艰难的抵抗，武器与粮食都消耗殆尽，抵抗运动无以维系。此时，沙州孤立无援抵御吐蕃的进攻已有11个年头了。无奈之下，阎朝登上城头，向攻城的吐蕃军队大喊说："如果沙州民众不被强制迁徙到其他地方，我们可以全城投降。"吐蕃主帅尚绮心儿许诺，不将沙州人迁移他处，于是阎朝出降。

吐蕃封阎朝为"大蕃部落使河西节度"，这可能是因为当时阎朝手中依然握有沙州汉军的兵权，吐蕃人因而不敢轻举妄动。为了夺去阎朝手中的权力，又不露痕迹，吐蕃赞普亲自下诏邀请阎朝到逻些（今拉萨）见面。阎朝虽知此行颇多不测，还是爽快地答应下来。阎朝的妻子儿女来到沙州的一所寺院，举行了一次祈保旅途平安的宗教仪式，然后全家启程前往逻些觐见赞普。吐蕃人果然对阎朝动了手，设计毒杀了阎朝。阎朝死后，陷蕃的汉人群龙无首。吐蕃人大为欣喜，以为从此便可以顺利地统治沙州了。然而，事与愿违，此时的沙州内外正酝酿着一场场反蕃行动。

臣于吐蕃的愧疚与无奈

吐蕃统治初期，推行蕃化政策，强迫敦煌百姓穿蕃装、说蕃语，这引起敦煌汉人的极大反感。沙州民众从来没有向吐蕃统治者真正屈服，敦煌的反蕃斗争此起彼伏。公元792年，敦煌百姓氾国忠等人逃往瀚海沙漠，他们被吐蕃人捉回，并流放到酒泉。氾国忠等人在那里再次逃脱，盗窃了马匹和兵器，纵马从酒泉奔向敦煌。公元793年，氾国忠等人突然冲入沙州城内，杀掉了卫士监使判咄等人，致使吐蕃节儿等重要官员投火自焚。对玉关起义者的审判是由当时汉人高僧摩诃衍主持的，起义者的供词中明确说，此次起义是由玉关驿将王令诠苛刻驿户引起的，但起义者的目的就是杀蕃官蕃将，再无其他。可见，在吐蕃占领敦煌初期，汉人与吐蕃人之间的矛盾十分尖锐，而这种矛盾主要是吐蕃统治者奉行的政策及其政策的执行者造成的。面对压力，吐蕃统治者调整了统治政策，转而利用敦煌本地的世家豪族统治敦煌地方，大兴佛事，广度僧尼。到吐蕃后期，甚至将敦煌地方的部分政权、军权和税收管理权也交给了敦煌的世家大族，这使吐蕃治下的敦煌社会维持了半个多世纪的稳定发展（图11-1）。

在这些与吐蕃合作的世家大族中，阴氏家族可算是一个典型的代表。吐蕃接手敦煌后，阴家人在无奈之下，"熊罴爱子，拆褙裸以文身；鸳鸯夫妻，解鬟钿而辫发"。简单的两句话，透出了沙州人在无助之下放弃汉俗、改从吐蕃文身辫发的凄苦心情，以及吐蕃人强制汉人蕃化的残酷现实。阴伯伦含泪辞别唐王朝，改向吐蕃称臣。吐蕃人为了稳固自己在沙州的统治，很注意利用阴氏这样的敦煌大族，阴伯伦很快被吐蕃人任命为沙州道门亲表部落大使。阴氏家族与吐蕃人的合作不仅帮助吐蕃人治理了敦煌，还使自家在敦煌的地位得以保全。吐蕃人还赦免了阴家的十一税，使得阴氏一门"六亲当五秉之饶"。从某种角度来看，阴氏家族似乎又恢复了唐时的荣光，兴旺的程度甚至还超过了往日。

阴伯伦长子阴嘉政居家，他就是有名的阴处士，莫高窟第231窟功德主；次子阴嘉义为大蕃瓜州节度使行军先锋，部落上二将；三子阴嘉珍为大蕃瓜州节度行军并沙州三部落仓曹及支计等使；四子离缠为大蕃沙州三学法律大德；女智惠为安国尼寺法律。阴氏在吐蕃时期可以说是一门荣

图11-1 莫高窟第359窟 北壁 吐蕃装供养人像 中唐

图11-2 莫高窟第231窟 东壁门上 阴伯伦夫妇 中唐

宠，但在庆幸家族复兴之后，又念念不忘唐时"旧制封官，近将军之裂棘；先贤世禄，与都护之同堂"。

　　阴嘉政到了晚年，更是面露忧色，独立长叹。阴嘉义见状，向阴嘉政询问："大哥因何事如此不快，一个人站在这里长吁短叹。常言说'急难者兄弟，稀得者手足'。大哥有什么话就说出来，出兄之口，入弟之耳，敞开心扉，尽吐为快。"阴嘉政叹道："我现在已经到了知天命的年纪，但是在德行上有愧于心，人们常说要为子孙谋划，就要教他们以仁义。如今短日金秋，寒风恸骨；长更冬夜，白发悲心呀！"阴嘉政对阴氏一家出仕吐蕃的行为感到深深的愧疚，越到老年越觉得此事大节有亏，因此在对子孙的教育方面，授之以忠义，而对家族的这种称臣吐蕃的行为，则与其弟一同在莫高窟开窟修功德，以求减轻内心的负罪感。莫高窟第231窟就是在这种背景下开凿的，此窟主室壁画保存完好，画面颜色鲜艳，均为中唐原作。东壁门上的供养人就是阴嘉政的父亲阴伯伦和母亲索氏，画中阴伯伦头戴幞头、靴袍革带，索氏头梳抛家髻、长裙帔帛，都是汉家装束。第231窟开凿时，阴伯伦和索氏都已亡故，所以才能穿着汉装出现，而不用着吐蕃装（图11-2）。

大力弘扬佛教的时代

吐蕃占领敦煌时期，正是吐蕃人大力弘扬佛教的时代。吐蕃把敦煌看作佛教圣地，极力加以保护，对这里的佛教发展给予很大支持。更为重要的是：敦煌的世家大族在陷蕃之后，开始向佛教投入更大的精力，一方面希望吐蕃上层看在同为佛教信徒而网开一面，借助佛教在一定程度上维护其政治经济利益；另一方面也将佛教作为维护汉人、抵御吐蕃的最后一块阵地。佛教成为敦煌汉人与吐蕃人之间的缓冲地带，也成为两个民族相互影响、相互融合的重要媒介。

在吐蕃人和汉人的共同努力下，敦煌的佛教兴盛异常，佛教势力迅速膨胀。这一时期，中原地区正经历着对中国历史影响深远的"会昌灭法"。敦煌由于被吐蕃占领，躲过了"会昌灭法"的浩劫，使这里的佛教能比中原佛教更加顺利地发展下去，同时还吸收了一部分为躲避法难远道而来的大德高僧，也从客观上增加了其佛教的号召力。

吐蕃统治敦煌初期，沙州有僧寺9所，尼寺4所，僧尼310人。到了吐蕃统治末期，敦煌的寺院增加到17所，僧尼猛增到数千人，而当时沙州的总人口仅有25000人左右。著名的寺院号称"十七大寺"，但实际上，并不是单纯地在原有寺院的基础上新建寺院，而仍是有兴有废，其中有废弃、有改名，也有新建。所以十七大寺在吐蕃统治末期才真正确定下来，包括12所僧寺，即龙兴寺、永安寺、大云寺、灵图寺、开元寺、乾元寺、显德寺、报恩寺、金光明寺、莲台寺、净土寺、三界寺；5所尼寺，即大乘寺、普光寺、灵修寺、安国寺、圣光寺。

在这些寺院中，讲经、译经、写经活动盛行。昙旷、摩诃衍、法成这样的高僧辈出，讲经在敦煌兴起，有大规模的佛教辩论，也有专为世俗信士们讲的较为浅易的经典。敦煌此时的写经规模十分宏大，几乎所有的寺院都参与其中。吐蕃文的佛教经典被译成汉文在敦煌推行，遵照赞普的王命，一部《无量寿宗要经》甚至写了数千部。在沙州的写经坊，600卷的《大般若经》都写了若干部。此时敦煌的各大寺院，都在扩充着自己的藏经，在各寺的经坊中，经常有数个甚至是数十个僧俗写经生在紧张地抄写经书。除了《写经人名簿》之外，还有一种《付经历》，它们让我们看到了敦煌诸寺的写经坊终日忙碌的景象，刚刚完成一项写经的任务，一项新的抄写任务就接踵而来。9世纪初，建成了安国、圣光、兴善三寺，之后又建了永康、永寿寺，为了给新寺准备藏经，诸寺写经坊的繁忙也是理所当然的。此外，沙州还承接来自吐蕃赞普有关大量抄写新译经典的命令，因此不仅仅是汉文经典，连吐蕃文经典的抄写也成了沙州写经坊的任务。在吐蕃文的写经生中，一半以上都由汉人充任，可见当时汉人对吐蕃文的掌握程度。除了为敦煌寺院和赞普写经之外，诸寺的写经坊还接收各种写经要求，这其中许多写经是为外地的寺院所写，敦煌的寺院则从中收取写经费，这也是敦煌寺院营利的一个项目（图 11-3）。

从公元 781 年至公元 848 年，莫高窟共开凿洞窟 55 个，重修前代洞窟 36 个。在艺术风格方面，由于窟内经变的增多，画幅随之变小，失去了盛唐时通壁经变的整体感和雄浑气势，却促使画风向着结构严谨、工整、纤巧、细腻的方向发展。由于此时颜料来源有限，所以色彩不如以前明艳，但多用青、绿、赭、黄及云母粉等冷色敷彩的特点，形成了肌肤浅染、填色简淡的格调，使画幅具有俊爽雅逸、恬淡清新的意趣。此时出现的反弹琵琶是敦煌壁画中最著名的舞乐姿态，莫高窟有 10 多幅壁画的乐舞场面中都绘有这一形象，其中以第 112 窟观无量寿经变中的反弹琵琶为代表作品。为了表现西方极乐世界的美好景象，在阿弥陀佛讲经说法的道场前部有一组伎乐吹拉弹奏，最中心的就是反弹琵琶的独舞。伎乐天以左脚踏地，大拇指向上翘起，右腿高高抬起，似作左右交替腾踏之姿；左手扣住琵琶颈部，右手背到身后拨弦；身上的飘带还有旋转之势。

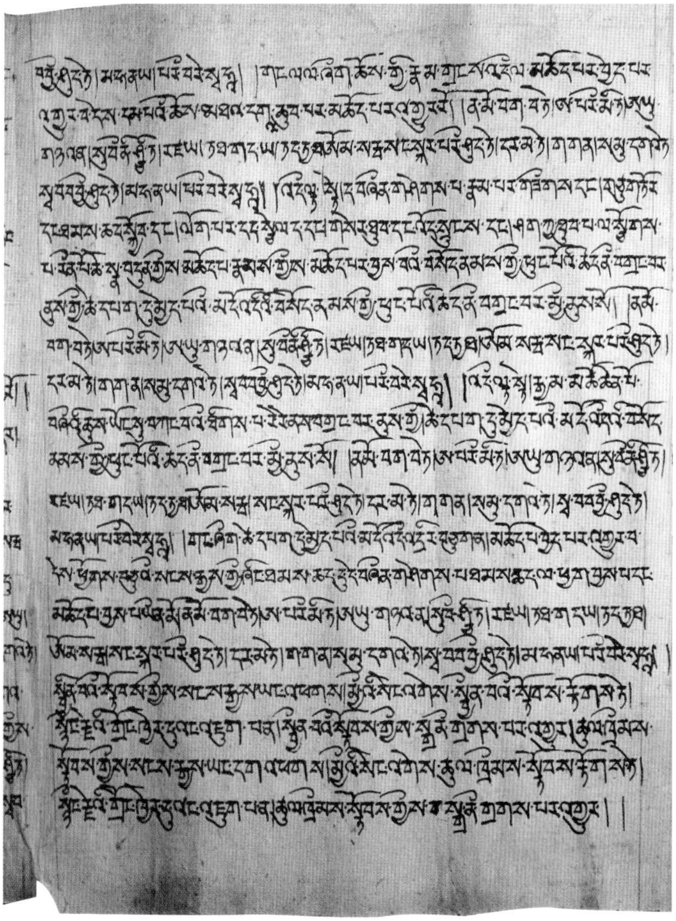

图 11-3 吐蕃文《大般若经》 敦煌藏经洞出土 中唐

这一动作难度极高，而整个人物造型之优美更是令人叫绝（图11-4）。

此时的绘画在山川意境、世俗风情方面有一些新发展，如维摩诘经变中的"博弈""酒肆""学堂"，弥勒经变中的"婚礼""坟园""耕获"等反映唐代世俗生活的画面，都是十分珍贵的形象历史资料。特别是榆林窟第25窟甚至出现了吐蕃婚庆的画面，宴席上的男子戴小礼帽、透额罗，妇女有多辫发式、头戴胡幅，端盘的侍女着䩞鞢缺胯衫，新郎缠头，这是古代藏族人文、服饰，乃至日用器皿的珍贵图像历史资料（图11-5）。吐蕃时期的塑像大多毁失，所保留下来者，无论是从其精妙的技巧还是新颖的手法上看，都称得上是令人惊

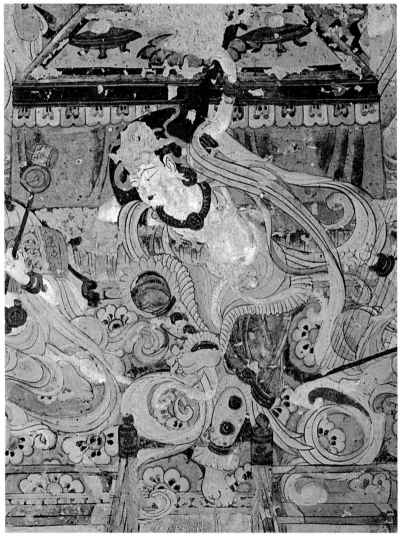

图11-4 莫高窟第112窟 南壁 观无量寿经变 反弹琵琶 中唐

图11-5 榆林窟第25窟 北壁 弥勒经变 吐
蕃婚礼图 中唐

图11-6 莫高窟第159窟 龛内南侧 菩萨 中唐

叹不已的艺术品。莫高窟第159窟的菩萨塑像，面洁如玉，朱唇微点，指若娇
兰，巾似游龙，情态婉柔，令人忘俗（图11-6）。

　　值得注意的是：这一时期的历任吐蕃赞普，都信仰佛教，积极推动佛教事
业的发展。吐蕃赞普赤祖德赞（815—838年在位）甚至派遣王妃贝吉昂楚和
重臣贝吉云丹赴敦煌主持和参加吐蕃文《十万般若波罗蜜多经》的抄写工作。
敦煌壁画的维摩诘经变中甚至出现了吐蕃赞普及侍从的画面，这些画面被称为
吐蕃赞普礼佛图。吐蕃以前，维摩诘帐下是各国王子听法的群像，到了这一时
期吐蕃赞普礼佛的情节被放到了画面显眼的位置。画中赞普头戴红毡高冠，身
穿左衽长袍，脚蹬乌靴，腰束带，佩长剑。身后的侍者张曲柄伞盖，前有奴婢
燃香、武士护驾，后有官员随从，俨然君王出行。其他各国王子退居次要地位，
成了赞普的陪衬。与吐蕃赞普一行相对的，是在文殊菩萨座下的中原帝王与随
从，同样仪仗隆盛，一行人着装均为汉式的宽袍大袖，与吐蕃赞普形成分庭抗

礼之势，政治寓意明显。在张议潮驱逐吐蕃之后，吐蕃赞普在画中的地位骤然下降，退居到各国王子之中，甚至消失（图11-7、图11-8）。

图11-7 莫高窟第159窟 东壁门南 吐蕃赞普礼佛图 中唐

图11-8 莫高窟第159窟 东壁门北 中原帝王礼佛图 中唐

图 11-9 莫高窟第 158 窟 涅槃佛 中唐

　　石窟是集建筑、彩塑、壁画三位一体的综合艺术，这一点在莫高窟第 158 窟得到了集中体现。第 158 窟是吐蕃时期开凿的大型涅槃窟，俗称睡佛洞。涅槃，是佛教徒修行追求的最高境界。入于涅槃后，肉体虽然寂灭死亡了，但修行者将永远脱离生老病死之苦，超脱于六道轮回之外，达到不生不灭的至高境界，所以说众生皆苦、涅槃最乐。此窟表现的正是佛祖释迦牟尼 80 岁涅槃时的场景，为了凸显涅槃的主题，这一洞窟特意开凿成盝顶长方形，整个窟内空间就像一口巨大的棺木。释迦牟尼佛身长 15.8 米，在佛坛上右胁而卧，头枕大雁衔珠连珠花纹枕头，面部丰满，双眼微闭，嘴角含笑，左手自然放于左腿之上，衣纹柔软，随身体起伏变化，圆润流畅，一副安然入睡之态。与 80 岁的垂死老人毫不相同，整个佛祖的身体表现得非常健康，我们看到的不像是一位去世的佛陀，而更像是一位正在熟睡的唐代贵妇（图 11-9）。

　　南壁为 10 大弟子举哀，这 10 位弟子是佛陀生前最得意的门生，其中以迦叶和阿难的表现最为突出。迦叶和 500 弟子本来正在耆阇崛山中修行，听说释迦牟尼佛涅槃，迦叶立即带领众弟子寻路疾归，远远地望见佛棺，"号哭哽咽，闷绝躃地"。画中迦叶高鼻深目，悲不自胜，高举枯瘦双手猛扑金棺，痛不欲生；旁边绘两比丘紧紧将其抱住，防其扑倒；前面一比丘伸手欲扶，劝其节哀。阿难此时跪于地上，一手拄地，一手侧耳聆听，似乎还在倾听佛祖最后一次讲法，无法面对佛祖寂灭的事实（图 11-10）。

　　北壁为帝王举哀。释迦牟尼佛涅槃的消息传出后，迦毗罗等 8 国国王闻讯后，立即带领臣属僚众，疾奔拘尸那城，各国王均"号哭悲哀，闷绝躃地"。由于此图画于吐蕃统治敦煌时期，所以具有当时壁画的普遍特点，将 8 国国王之

图11-10 莫高窟第158窟 南壁 十大弟子举哀 中唐

首绘成吐蕃赞普的形象，画在了8王的最前头；紧随其后的是中原皇帝，头上戴有冕旒，由两位宫女搀扶；其后的13人个个高鼻深目，应是当时西域各国首领的形象。各国王都显得十分悲痛，简直是痛不欲生，有的甚至以极为惨烈的方式表现他们对佛的哀悼，如割耳、削鼻、刺胸等种种自残行为，真是惨不忍睹。历史记载，唐太宗逝世，四夷之人哀悼时出现过类似场面，此图应是对这一习俗的图像记录（图11-11）。

图11-11 莫高窟第158窟 北壁 帝王举哀 中唐

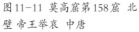

十二、张议潮收复河西

◎ 赵晓星

漫 漫归唐路

1.立志

吐蕃人虽然在敦煌实行了一系列相对缓和的政策,但终免不了统治者的残酷。吐蕃统治者不仅无情地搜刮占领区的百姓,还频频四出征战,东侵唐朝,北争回鹘,西抗大食。在其统治下的各族百姓,备受奴役,或苦于沉重的农牧负担,或被征发从军,远戍他乡,命悬一线。敦煌地区的汉人依然念念不忘自己曾是大唐的子民,在蕃占初期,反蕃斗争就连绵不断,其中最著名的玉关起义虽归于失败,却为日后的大中起事埋下了希望的火种。不仅是那些历经两主的汉人怀念故国,甚至那些出生在蕃占时期的汉人,孩提时代就已深受父祖的影响,对吐蕃的统治深怀不满,而对东方的大唐十分向往。

张议潮就是这样一个人,他出生在吐蕃统治时期的敦煌,父亲张谦逸曾是唐朝的北都节度留后、支度营田转运使等。张议潮本人亲历了吐蕃的残暴统治,有感于当时民不聊生、百业凋敝的景象,深深同情百姓疾苦,少年时就有了改变现实的志愿。他十分崇敬在平定"安史之乱"中被宦官边令诚陷害的大唐名将封常清,亲笔抄写《封常清谢死表闻》寄托哀思。公元815年,张议潮抄下一首《无名歌》来表达自己当时的心境:

> 天下沸腾积年岁,米到千钱人失计。
> 附槨种得二顷田,磨折不充十一税。
> 今年苗稼看更弱,枌榆产业需抛却。
> 不知天下有几人,只见波逃如雨脚。
> 去去如同不系舟,随波逐水泛长流。
> 漂泊已经千里外,谁人不带两乡愁。
> 舞女庭前厌酒肉,不知百姓饿眠宿。
> 君不见城空墙框,将军只是栽花竹。
> 君看城外忙惶处,段段芊花如柳絮。
> 海燕衔泥欲作巢,空堂无人却飞去。

在以后的岁月里，张议潮一直在思考着如何改变现实的问题，历史终于给了他一个契机，吐蕃内乱爆发了。

2. 契机

公元842年，吐蕃赞普郎达玛遇刺身亡。郎达玛只有一遗腹子，在即位的问题上权贵意见相左，大臣贵族发生叛乱，从而导致吐蕃国内大乱。吐蕃本部称为"邦金洛"的奴隶平民也乘机发动大起义。这次起义最初发难于康地，一夜之间就波及全藏，就好像一鸟飞腾、百鸟影从一样，四方骚然，天下大乱，吐蕃统治风雨飘摇。

吐蕃原洛门川讨击使尚恐热也叛离赞普，并趁势篡夺了吐蕃大权，自立为宰相，与鄯州节度使尚婢婢争权夺利，自相残杀，使河西人民陷入了水深火热之中。尚恐热为人残忍好杀，他带领吐蕃士兵大掠河西鄯、廓等8州，将青壮年全部杀死，以劓刖之刑残害老人和妇人，将婴儿挑在矛尖上取乐，焚屋毁庐，无恶不作；方圆5000里，几乎成为无人赤地。尚恐热在河西的暴虐行径，不仅激起了河西人民的满腔怒火，也引起了部下的怨望不平，人人都伺机而发。正值此时，吐蕃国内连年灾荒，百姓备受无食之苦，饿死者接二连三。面对如此悲惨的景象，河陇各地的吐蕃守将思想混乱、兵防空虚。唐王朝乘此时机，决心收复河湟。

公元844年3月，唐王朝认为回鹘现已衰微，吐蕃又值大乱，开始商议收复河、湟4镇18州事宜。公元847年5月，河东节度使王宰率代北诸军，在盐州大败尚恐热。次年12月，凤翔节度使崔珙破吐蕃军于清水，并一举收复了原州（今宁夏固原）、石门等6关和威州（今宁夏中卫县）、扶州（今甘肃文县西）。唐王朝的军事胜利使河西人民看到了归复的曙光，人心为之鼓舞振奋，也为张议潮提供了有利时机。此时张议潮开始论兵讲剑，蕴习武经，学得孙武、白起用兵之精妙，洞见《六韬》《玉铃》行军的要髓。张议潮看到了吐蕃国运将尽，于是发誓一定要举兵起事，下定了驱蕃归唐的决心。

3. 起事

公元848年，张议潮高举义旗，反抗吐蕃的大起义轰轰烈烈地开始了。起义的骨干来自于三个方面：第一，敦煌的名门望族，如张氏、索氏、李氏等。他们都是沙州地区举足轻重的世家大族，有的甚至是累代将门，在起义和收复河西的过程中，他们立下了汗马功劳。第二，释门教首和僧众。当时的名僧洪辩为吐蕃"知释门都法律兼摄行教授"，但他"远怀故国，愿被皇风"，率领僧众尽力帮助张议潮收复沙州。敦煌是中西交通的要冲，自古佛教就极为兴盛，教徒数量庞大，教团也很有势力，释门教首和僧徒在百姓中很有影响力。第三，豪杰义士。这些人侠肝义胆，往往能够号令一方，如副使安景旻、部落使阎英达等都是当地豪杰。

张议潮正是在这些人的鼎力相助之下，明确提出了"归国"的口号，广泛组织、团结社会上方方面面的力量。一待时机成熟，张议潮毅然募兵集众，发动起义。正史对此事记载非常简单，说张议潮带领全副武装的士兵在州门处誓师起义，当地的汉人纷纷响应，吐蕃守将见此场面被吓得立刻逃走，张议潮随即接管沙州事务。实际上，这场起义没有这样简单容易，而是经过浴血奋战才取得胜利的。张议潮的义军起初被吐蕃军队围攻，张议潮采用了许多战略战术，如"启武侯之八阵，纵烧牛之策"，最终才突破蕃军重围。在短兵相接之际，"白刃交锋，横尸遍野，残烬星散，雾卷南奔"。经过一场残酷的白刃战之后，张议潮终于一举收复沙州。

4. 归唐

张议潮收复沙州时，河西其他州县仍在吐蕃统治之下。为了能及时向唐廷报捷，并确保表文送到长安，张议潮派了10队使者，携带10份同样的表文，分10路奔赴长安。这10队使节中还有由和尚组成的一队，因为吐蕃人信奉佛教，和尚借游方化缘，易于通行，可谓用心良苦。敦煌名僧悟真就是当时的信使之一，他因送表有功，在公元851年5月被唐朝封为"京城临坛大德"。

奉表之路并不比收复之路容易，在这10路使节中，只有走东北道的一队，经过千辛万苦，才在天德军（在今内蒙古乌拉特前旗）防御使李丕的协助下，于公元850年抵达京城长安。唐宣宗闻讯后，不禁感慨道："自古河西出将才，真是一点儿不假！"在这两年中，张议潮以沙州为根据地，整饬军队，发展生产，且耕且战。在沙州根据地的保障下，张议潮继续进军，和吐蕃人展开了进一步的斗争，到公元851年又相继收复了邻近的肃、甘、伊等州。为了实现回归大唐的梦想，这年8月，张议潮又派其兄张议潭和州人李明达、李明振、押衙吴安正等29人奉瓜、沙、伊、西、甘、肃、兰、鄯、河、岷、廓11州的图籍入长安告捷。至此，除凉州（今甘肃武威）外，落于蕃手近百年的河西故地终于重归唐朝。

唐宣宗接到瓜、沙等11州图籍和张议潮报捷之后，特下诏表彰张议潮等人的忠勇和功勋，诏令说张议潮"抗忠臣之丹心，折昆夷之长角。窦融河西之故事，见于盛时，李陵教射之奇兵，无非义旅"。当年11月，唐王朝于沙州建立归义军，统领瓜、沙11等州，授张议潮归义军节度使、11州观察使。

5. 入质

河西归唐，张议潮领导的沙州起义起到了主要作用，使得"百年左衽，复为冠裳；十郡遗黎，悉出汤火"。张议潮在河西重振了大唐声威，人称他"运筹帷幄之中，决胜千里之外，四方犷悍，却通好而求和；八表来宾，到阶前而拜舞。北方猃狁，款少骏之驮蹄，南土蕃浑，献昆岗之白璧"。真是盖世英雄！

张议潮收复河西，对唐王朝来说是喜忧参半的，喜的是陷蕃百年的河西终于重归大唐版图，忧的是晚唐势弱，惟恐张氏归义军尾大不掉，成为与唐分庭抗礼的独立政权。为此，唐王朝采取了一系列措施，以阻止归义军的进一步发展。张议潮起事不久，为了表示向唐廷尽忠，其兄张议潭就先身入质，留居长安。公元867年，69岁的张议潮也急流勇退，将归义军事务委托给侄子张淮深，自己则束身归阙，留居京师。唐朝任命张议潮为左神武统军，晋官司徒，职列金吾，并赐给田园宅第，高官厚禄，礼待有嘉。公元872年8月，张议潮卒于长安，享年74岁。

英雄的颂歌

张议潮虽然驱逐了吐蕃统治者，却留下了自己少年时的老师法成。法成是吐蕃时期敦煌最著名的高僧，被尊为"大蕃国大德三藏法师"，他学识渊博，最擅长唯识之学，算得上是一代文化托命之人。法成在归义军时期继续在沙州和甘州等地讲学，并且注意比较汉、藏佛学间的异同。所以，吐蕃的退出并没有影响到敦煌佛教的继续发展。吐蕃时期的崇佛政策，造就了强大的佛教教团，在张议潮起义的支持者中，就有由当时汉族世家出身的吴洪辩和尚领导的僧尼信众。在收复河西之后，归义军政权继续吐蕃时期的崇佛政策，同时还不断向唐王朝请经，莫高窟也迎来了开窟造像的新高潮。这一时期，由于世俗势力膨胀，佛教世俗化加强，出现了大量由世家大族开凿的家窟家庙，一个家族几代人同时被绘制到供养人的行列当中，一些供养人像增大到与真人高度相仿，甚至高过真实人物。为了突出个人和家族的功绩，一些与佛教毫不相关的题材被绘进洞窟，其中就以张议潮和宋国夫人出行图为代表。

张议潮收复河西，是敦煌历史上的大事件。为了歌颂他收复河西的功绩，莫高窟第156窟绘制了巨幅历史画卷张议潮出行图。第156窟是沙州刺史张淮深为纪念叔父张议潮而开凿的洞窟，所以又被称为"张议潮窟"。此窟南、北、东壁下部是著名的历史题材长卷"河西节度使张议潮统军出行图"与"宋国河内郡夫人宋氏出行图"。这两幅出行图内容十分丰富，有军仗、军乐、仪仗、兵制、运输、狩猎、杂技、邮驿、服饰、交通等大量社会历史民俗资料。

张议潮出行图绘于主室南壁及东壁门南底层，全长8.20米，宽1.03米，仪仗出行的主体部分长约 6 米。全图绘各种人物 114 身，马 80 匹，骡子 2 匹，骆驼 2 峰，还有猎犬、黄羊等，阵容庞大，人物众多，队列整齐，布局严谨，气氛热烈，画艺高超，为晚唐壁画之杰作，在中国绘画史上也有重要意义。

画面由南壁西端开始，最前部是军乐和歌舞为前导的仪仗队，旌旗招展，鼓乐喧天，其中军乐队即"横吹队"，是古代鼓吹铙歌之属，由 8 人鼓吹开路，4 个吹角，4 个击鼓。军乐队之后有戴盔披甲、腰挎箭囊的骑马武士 10 人，即"武骑"仪仗队，分成两列，打大旗者在前，执稍者在后。紧随武骑仪仗之后的是引导官 2 人，各执头大柄小的板状物，立马夹道，他们是指挥后面舞伎行止缓急的。居中的有一组歌舞表演，舞蹈共有 8 人，分成两列，他们是随军的歌舞伎，也就是营伎，在上者为着汉装者，在下者为着吐蕃装的长袖舞伎；后面有小型乐队站立伴奏，乐队 12 人，其中大鼓 1 对，分居两侧，1 人背鼓，1 人击鼓，另 8 名乐师各执拍板、笛、箫、琵琶、筚篥、笙、腰鼓、钹乐器（图 12-1）。舞乐两侧骑马侍立的是文骑 10 人，左右列队，每侧 5 骑，穿高衩红袍，戴幞头，蹬白毡靴，此即"左右马步都押衙"，他们掌管节度使府的警卫，出行时开路先导。

之后为执旗者，共 6 人，分成两列，每旗饰七带，竿头有椭圆形装饰物，

图 12-1 莫高窟第 156 窟 南壁 张议潮出行图 舞乐 晚唐

图 12-2 莫高窟第 156 窟 南壁 张议潮出行图 旌节 晚唐

这就是节度使出行时必备的仪仗，古称"六纛"，以示威严。之后又有执门旌者一对，执小幡者一对。门旌就是门旗，出行时随六纛之后，在旌节之前，起夹行旌节的作用。后随三骑，与门旌形成三角，前两骑各执一未张开的伞状物，这就是外套袋囊的旌节，旌主赏，节主杀，这是节度使权力最重要的象征。此后是节度使幕府的武职衙将 3 人，也就是"衙前兵马使"，后步行两列"银刀官"共 8 人，他们手执仪刀，是张议潮的贴身侍卫。其后有 2 人执矟夹马而行，正在通过拱桥，这是幕府职事官"引驾押衙"（图 12 -2）。

　　这时，真正的主角张议潮才出场，他身穿红袍，体态健硕，膀阔腰圆，骑乘白马，左手牵缰，右手举鞭，已行至桥头，两侧执矟侍从夹马步行；小桥上方，有榜题"河西十一州节度使张议潮□除吐蕃收复河西一道出行图"（图 12 -3）。张议潮坐骑后，紧随 2 骑，是 "左右厢虞候"，也就是子弟兵中的首领，随后紧跟一群骑吏，3排15人，各执弓囊、箭袋、剑、盾、麾枪、伞、扇、大旗或包袱等物，这是他的内亲侍卫亲军，也就是子弟兵。最后在东壁门南，为辎重和行猎部分，有驴、驼、马运输队，胡人赶运，又有骑马射猎之人。该出行图是一幅不可多得的反映历史人物真实生活的画卷。

宋国夫人出行图绘于北壁及东壁门北底层，与张议潮出行图相对，同样长达8米有余。这幅画场面宏大，既有歌舞百戏，又有仪仗侍从，身份不同，姿态各异，形象地再现了世俗的种种活动。画面由北壁西端开始，以歌舞百戏为先导。百戏有精彩的顶竿表演，1力士顶竿，伸出两手平衡身体，竿上3童子演出惊险动作，1童子正顺竿向上爬，旁边1人擎长竿保护，下有4人伴奏。后面4人婆娑起舞，乐队6人分别持笙、笛、琵琶、箫、拍板、腰鼓伴奏，舞乐上方榜题"音乐"两字。下部3位乘奔马飞驰者，是出行队伍中传递信息的使者，即信使。前者驰马挥臂向前方呼喊，中者斜挎公文袋回首向后转递公文，后者急速赶来收接（图12-4）。乐舞队之后是6名女官，后为辎车1辆，这是

图12-3 莫高窟第156窟 南壁 张议潮出行图 张议潮 晚唐

图12-4 莫高窟第156窟 北壁 宋国夫人出行图 邮驿 晚唐

夫人的行李马车，前有2人牵拉，后随侍女8人，执团扇、捧包袱等物。之后是"檐舆"两乘，即两顶蓝色大轿，各有8名轿夫弯腰弓背抬行，这就是八抬大轿，里面坐的是夫人的女儿，后随男女侍从6人。其后是辂车两乘，红马驾辕，辁车驭马，侍从两旁随行。车围帷幔，后随执团扇、捧包袱的侍女数名（图12-5）。

道路中间为骑红马着男装的女引道官，双手执鞭，缓步慢行，后随女乐4人，在行进中演奏箜篌、琵琶、笙和拍板，两旁8位银刀手警卫。这时，才出现了主

图12-5 莫高窟第156窟 北壁 宋国夫人出行图 车乘 晚唐

角宋国夫人，宋氏面容丰满，头戴花冠，着紫色交领大袖衫，齐胸束粉裙，衣褶分染，重墨勾线，乘长鬃白马，稳步缓行，两旁侍者相随，前有榜题"宋国河内郡夫人宋氏出行图"。宋国夫人身后，随侍9骑，除1女装外，其余皆女扮男装，分别执扇、奁、镜、琴、炉、壶、包袱等日常用品，应是夫人的贴身女眷。画面最后转入东壁门北，为大规模的辎重运输并狩猎场面。该出行图表现了一位封建贵妇出游的奢华场面，也展示了当时社会生活的各个方面（图12-6）。

图12-6 莫高窟第156窟 北壁 宋国夫人出行图 宋国夫人 晚唐

张氏归义军的没落

张议潮入朝后，其侄张淮深执掌河西归义军事务，但唐朝并不给淮深节度使旌节，不认可淮深的节度使权力。此时，西迁的回鹘侵扰甘、肃，甚至瓜州。876年，西州回鹘攻占伊州。而张淮深屡次遣使唐朝，求授旌节均未能如愿。887年，张淮深遣三批使者入唐求授旌节，唐朝不予，引起了瓜沙内部对张淮深的不满。公元888年10月，唐朝最终授张淮深归义军节度使旌节，但归义军内部的矛盾已经激化。

公元890年，张淮深及夫人、六子同时被杀，张淮深的叔伯兄弟张淮鼎继任节度使。公元892年，淮鼎辞世，托孤子张承奉于索勋。索勋自立为归义军节度使，并得到唐朝的认可。公元894年，张议潮女即李明振妻张氏率诸子灭索勋，立侄张承奉为节度使，李氏三子分别任瓜、沙、甘三州刺史，执掌归义军实权。到公元895年底，李氏家族势力达到鼎盛，排挤张承奉而独揽了归义军大权。李氏家族的行为引起了一些瓜沙大族的反对，于是沙州出现了一场倒李扶张的政变。公元896年，张承奉夺回归义军实权，但此时由于内乱，归义军的辖境已缩至瓜、沙二州。公元900年8月，唐朝授予张承奉归义军旌节，与于阗国的外交也获得了成功。

图 12-7 莫高窟第 9 窟 南壁 劳度叉斗圣变 晚唐

　　莫高窟第 9 窟就建于归义军内乱之时，窟主为张承奉，甬道供养人有司徒张承奉、节度使索勋、瓜州刺史李弘定、沙州军使李弘谏等，反映了当时归义军内部争权夺利的斗争。洞窟壁画保存完好，色彩艳丽，绘制精巧。窟内大幅的劳度叉斗圣变，从一个侧面反映了当时敦煌动荡的政治局面。劳度叉斗圣的故事讲：古印度舍卫国大臣须达以黄金铺地的价格购得祇陀太子的园地建立精舍，请佛说法。六师外道依仗国王权势反对，提出约佛斗法，以胜负决定是否建立精舍。外道劳度叉出面，佛弟子舍利弗应约。斗法期间，劳度叉先后变成宝山、宝池、毒龙、白牛、大树等，又使魔女以美色诱惑舍利弗，舍利弗以金刚击宝山、白象踏宝池、金翅鸟啄毒龙、狮王咬白牛等破劳度叉之变，最后制服魔女，拔起大树，摧倒劳度叉坐帐，迫使外道皈依佛教（图 12-7）。

　　画中舍利弗与劳度叉分别坐于两端，舍利弗坐于莲台之上，劳度叉坐于帐内，遥相对应进行斗法。金翅斗毒龙、水牛雄狮、金刚击山、宝池大象、毗沙门天王与恶鬼、风神降魔等斗法情节穿插其中；护弥请佛、精选园地、舍利弗请释迦助神威、金砖铺地、外道皈依、舍利弗现神变绘于此画的四周。这样的布局，使得主题突出，让人一目了然。画面动静结合，既成对比又互相烘托，人物的情态各异，塑造刻画十分细腻生动，性格特点明显，妙趣横生（图 12-8、图 12-9）。

　　公元 907 年，张承奉在得知唐朝灭亡后，自称白衣帝，建立西汉金山国。"西"是指其国所居之方位，它是以中原为坐标的；"汉"是说其国民族之种姓；"西汉"连用，意为西部汉人之国；"金山"又名金鞍山，在敦煌西南，即今甘、青、新三省交界处之阿尔金山。金山国虽锐意进取，想收复失地，但在战争中屡遭失败。金山国建立的当年，回鹘多次对其进行打击，企图把金山国扼杀在摇篮里。有一次，敦煌东界的防线都被突破，回鹘军长驱直入，直抵敦煌城东安营扎寨。金山国天子亲自披甲上阵，著名将领阴仁贵、宋中丞、张舍人等奋力应战，才把入侵的回鹘赶回甘州。公元911年，回鹘大举进攻金山国，金山国由于连年战争，国力衰微，不得不与回鹘立城下之盟：回鹘可汗是父，金山国天子是子。从此，张承奉被迫取消"西汉金山国"国号和"圣文神武白帝""天子"之号，并在甘州回鹘的恩准下，屈尊降格而改建为诸侯郡国——敦煌国。张承奉对回鹘的臣服，不仅使他丧失了在瓜沙地区的威望，也使张氏家族最后丧失了对河西地区的统治权，归义军政权最终易主他人。

图12-8 莫高窟第9窟 南壁 劳度叉斗圣变 金刚击宝山 晚唐

图12-9 莫高窟第9窟 南壁 劳度叉斗圣变 外道皈依 晚唐

十三、曹议金与归义军

◎ 赵晓星

夹缝中的生存谋略

公元914年，张承奉在内忧外患中忧郁而死。张承奉没有子嗣，于是州人推举曹议金为帅，掌管归义军政权，归义军政权从此旁落于曹氏家族。曹氏家族对经营敦煌费尽心机，竟能将身处夹缝当中的归义军继续维持百余年之久。曹议金，原名曹仁贵，本是沙州长史、张承奉的部将，他娶了索勋的女儿，即张议潮的外孙女，跟张、索两大家族攀上姻亲。曹议金代张氏执掌敦煌军政大权后，中原正处在群雄割据、军阀混战之中。当时的瓜沙政权，东有甘州回鹘威胁，西有于阗虎视，处在夹缝之中。曹议金审时度势，权衡利弊，吸取张承奉的教训，为瓜、沙二州稳定昌盛，制定了与张氏不同的新政策。

曹议金首先恢复节度使旧称，自称归义军节度使兵马留后，奉中原为正朔。公元923年，曹议金以管内三军百姓的名义向中原王朝求授旌节，并得到灵武节度使韩洙的保荐。几经努力之后，终于受封为"归义军节度使、沙州刺史、检校司空"，曹氏地方政权得到了后唐朝廷的正式认可。面对四邻的虎视，曹议金积极采取和亲政策，用通婚的办法结好四邻。他东结回鹘，娶甘州回鹘可汗女为夫人，又嫁女给回鹘可汗为妻；西和于阗，嫁女给于阗王李圣天为后（图13-1）。这样，敦煌与甘州、于阗关系密切，往来不断，加强了民族团结，保证了边疆安定。敦煌曲子词称"六番之结好如流，四塞之通欢似雨"，可见当时的外交政策获得了极大的成功。公元925年，曹议金趁甘州回鹘汗位交替之机，进行征讨，使其屈服。新立的回鹘可汗娶曹议金之女，成为曹议金的子婿，终于一雪张承奉向回鹘可汗称子之耻。

曹议金对内利用世家豪族，加强内部统治。曹氏家族和累世盘踞敦煌的世家豪族联姻，强化了敦煌豪门望族间的关系，使索、阴、翟、张等大姓联成一体。这些地位显赫、声势隆盛的瓜沙大姓，互相结亲，形成了盘根错节、荣辱与共的地方势力，为曹氏政权的巩固起到很重要的作用。由于曹议金内外关系处理得当，归义军实力有所恢复。此时，内修政治，恢复生产，重视农牧业。由于没有战争，局势稳定，经济迅速发展，百姓安居乐业。曹家还大造寺窟，利用宗教，维护统治。

在文化上，曹氏节度使衙门设立了画院和伎术院，民间也成立了画行。这些机构的建立，一方面聚集能工巧匠，有助于当时大型洞窟的开凿；另一方面也使壁画风格形成固定模式，呈现程式化的特征。五代艺术，主要因袭晚唐传统，在画院画师或画行画匠的率领下，在公式化的经变画上形成了统一的风格，表现技法、艺术水平，远远不如唐代，但在肖像画、故事画、山水画和巨型壁画的制作上仍有独特的成就。

与张氏一样，曹氏一家非常信佛，几乎历任的归义军节度使都在莫高窟修建自己的功德窟。榆林窟

13-1 莫高窟第98窟 东壁门南 李圣天与曹氏 五代

第16窟有保存完好的曹议金像，头戴展脚长幞头，身着圆领大袖红袍，手执香炉，表情庄重（图13-2）。后唐同光年间（923—926年），曹议金作为窟主建功德窟（今莫高窟第98窟），后代称为"大王窟"。这一时期，敦煌地方势力加强，曹议金实际上就是敦煌一方之王，所以此窟面积很大，窟内的11铺巨型经变，规模宏伟，前所未有。

公元935年，曹议金与世长辞，长子曹元德即位，曹氏势力渐趋强盛。公元937年，元德巡礼东境，抵达甘州，与甘州回鹘顺化可汗面议遣使中原、请封请节等事，获得成功。他改变了归义军政权对甘州回鹘政权的依附地位，由

父子之国变为兄弟之邦。敦煌以东的丝绸之路，从此再度畅通。公元938年3月，遣使向后晋朝贡。公元939年，后晋皇帝石敬瑭为元德加官。此年冬天，元德患病身亡。曹元德与父亲一样，虔信佛教，他在位时开凿了莫高窟第100窟，并以曹议金的回鹘夫人为窟主。曹元德死后，弟曹元深即位，曹议金妻、回鹘夫人掌握归义军实权，称"国母"。公元940年，后晋遣使于阗，途经沙州时，元深曾在郊外迎接使臣，并问候天子起居。同年，沙州归义军同甘州回鹘一起，同时派遣使者入辽朝贺端午节。

图 13-2 榆林窟第 16 窟 甬道 曹议金 五代

稳中求胜的政治策略

公元944年，曹元深去世，弟元忠即位。曹元忠在位29年，跨五代北宋两个时期，是归义军节度使中统治时间最长的一位，也是敦煌文化比较昌盛的一个时期。曹元忠积极发展与周边民族的关系，并与中原的后晋、后汉、后周和北宋保持联系，使瓜州地区得以稳定发展。公元946年，后晋授元忠为沙州留后，元忠曾先后于公元949年和955年向后汉和后周朝廷遣使贡献方物。公元947—951年之间，曹元忠与妻子浔阳翟氏开凿功德窟，即今莫高窟第61窟，又名文殊堂。该窟西壁绘巨幅五台山图一铺，这是当时绘制水平相当高的一幅地图（图13-3）。

佛经记载，清凉山为文殊菩萨修行的道场，五台山被中国的佛教徒认为是清凉山，在今山西省五台县境内。北魏时期，五台山已经兴建了许多寺院。隋唐以后，随着佛教在中国的发展，佛事更加兴隆，带有很多神话色彩的"五台圣迹"更是盛名远播。最早的五台山图创制于唐龙朔年间（661—663年），由沙门会赜对五台山进行考察之后绘制。公元824年，吐蕃遣使到长安求"五台山图"，此图才传入敦煌，并产生了深远的影响。莫高窟有多个洞窟内绘有"五台山图"，其中最为著名的即是此窟，为1幅内容丰富、规模宏大的通壁巨制。

此五台山图高3.6米，长13米，面积46.8平方米。画面分三层：下层表现五台山境内的城池县镇、名胜古迹和当时的社会宗教活动，如河北正定县、忻州定襄县、五台县、石岭关镇、永昌之县等5处，各种店铺、住宿、养马等旅店11处，行旅队伍中有数起送贡使。中层，表现神人交往的宗教世界活动，有大量寺院、楼阁兰若、茅庵塔庙，有修行的和尚，有佛像，有善男信女，也有天空神变。上层主要表现想象的天空幻化神变，共30多种，如雷电云中现、佛手云中

图13-3 莫高窟第61窟 西壁 五台山图（局部）

现、灵鸟现、金龙云中现、功德天女现、金色世界现、大毒龙二百五十等。整个画面大部分是现实世界的象征图，保存了大量历史资料（图13-4）。

第61窟内还绘制了大量的曹氏家族女眷，是敦煌石窟中女供养人群像最多、体积最大、画面最绚丽多彩的一组壁画。东壁门南的第一位是曹议金的回鹘夫人天公主李氏，第二位是嫁给甘州回鹘可汗为妻的曹议金的女儿，所以她们都是回鹘装扮，头上戴桃形凤冠，身着窄袖翻领皮袍。第三位是嫁到于阗的曹皇后，是曹议金的另一个女儿，她虽然身着汉装，但头颈有很多翠玉装饰，以表现于阗盛产玉石。第四位才是曹议金的原配夫人宋氏，她身后按辈分地位依次排列着曹家的其他女眷，全部穿着汉族贵族妇女的装束，头戴凤冠或花钗冠，身穿红色礼服（图13-5）。东壁门北前3位是曹氏家族出家的女尼，之后3位是曹元忠的3个回鹘外甥女，再后是曹延禄的于阗夫人，她身后是曹家其他女眷，第九身才是曹议金的索氏夫人，即索勋的女儿。东壁门南的女供养人像，从排列顺序暗示出了曹元忠时期各种势力在敦煌的分配，很明显，曹氏的

图13-4 莫高窟第61窟 西壁 五台山图（局部） 送贡使 五代

姻亲中充满了当时在敦煌及周边占有一席之地的各大高门。回鹘女眷最受尊崇，于阗女眷其次，曹元忠母亲宋氏次之。

公元960年，中国历史进入了北宋时期。北宋初期的统一实际上仅限于中原地区，原来在唐、五代时期属于本土的燕云十六州尚且不能收复，更无力管辖遥远的河西。难能可贵的是统治瓜、沙的曹氏归义军政权始终心向中原，努力保持与中央政府的联系，名义上奉北宋为"正朔"，归属于北宋政权之下。公元963年，曹元忠建莫高窟第55窟，第二年称"敦煌王"。

第55窟开凿的时期，属于曹氏归义军后期。此时的归义军政权，对外远奉中原为正朔，东交甘州回鹘，西结于阗李氏，四邻友好，保证了丝路的畅通；对内振兴军农、励精图治，保持了多年相对安定的局面，为已是夕阳残照的莫高窟艺术继续发挥余晖，提供了充分的物质条件与相对安定的政治局面。曹氏画院的设置，又为发展敦煌艺术聚集了一批能工巧匠。曹氏家族笃信佛教，仰仗释门，使敦煌成为当时河西的佛教中心。整个洞窟在造像风格、衣冠服饰、表现技法上沿袭唐风，但远不及唐塑生动。壁画内容以大幅经变画为主，与唐、五代相比，更加程式化，已明显步入衰落期。宋代彩塑留存下来的极少，第55窟的"弥勒三会"彩塑更是在莫高窟中独一无二的题材（图13-6）。

佛经中说，弥勒在释迦佛涅槃56亿7千万年后降世成佛，并三次说法，初会说法，96亿人得罗汉果位；二会说法，94亿比丘得罗汉果位；三会说法，

92亿沙门得罗汉果位。第55窟彩塑就是表现弥勒佛降世后三会说法的情景，现存彩塑10身，其中弥勒佛像3身，分别塑在佛坛西、南、北三边，成三足鼎立之形，以示弥勒三会。这是莫高窟保存最好的一组宋代彩塑，造型衣饰一仍唐塑遗韵，只是不如唐塑生动有力。唐代推崇丰肥为美，宋塑模仿唐塑，但未能达到唐塑那种"肥而不臃"的高超造诣，彩塑略显臃肿。南侧的托座天王，像高不足1米，面部宽厚，威猛有力，左肩极力顶靠佛座。在整个高大的塑像群中，显得小巧可爱（图13-7）。

公元966年，曹元忠与妻翟氏在莫高窟附近的成城湾避暑，见北大像（今莫高窟第96窟）建筑残破不堪，翟氏亲自为工匠做饭，夫妇2人出资重修莫高窟北大像。北大像是敦煌石窟第一大佛，最早建于初唐武则天称帝时期。武周初建大佛时，窟外有4层木构建筑，晚唐时张淮深重建，改4层为5层。五代时期，由于地震，木构建筑、佛像表面和同窟壁画都受到严重损坏。所以，

图13-5 莫高窟第61窟 东壁门南 女供养人群像 五代

图13-6 莫高窟第55窟 窟室内景 宋初

曹元忠与夫人路过时看到的应是北大像十分残破的面貌,所以他们出资将下两层糟朽梁柱拆换重建,保存了原来上面的3层,外观仍为5层。1908年,敦煌商民戴奉钰又集资重修,改5层为7层。1928年,刘骥德和莫高窟住持喇嘛易昌恕等又进行重修,改7层为9层,这就是我们今天看到的九层楼,也是莫高窟的标志性建筑。

公元970年,曹元忠建莫高窟第427窟前室窟檐,并在梁上留下了大宋乾德八年推诚奉国保塞功臣、归义军节度使、特进检校太师兼中书令、西平王曹元忠之世建此窟檐的记录。实际上,北宋乾德年号只有6年,没有乾德八年,所谓的乾德八年是开宝三年。所以说,此时敦煌远离中原政治中心,来自中原的信息相对滞后,中原王朝改元开宝已经两三年了,敦煌却还不知道,仍然沿用原来的乾德年号(图13-8)。

风雨飘摇的地方政权

公元974年,曹元忠亡故,曹元德之子曹延恭即位。延恭笃信佛教,与其夫人慕容氏开凿功德窟一座,即今莫高窟第454窟,曹延恭为"归义军节度使检校太保兼御史大夫",所以此窟又称作太保窟。清代在佛坛上塑假山,并塑送子娘娘12身,故而此窟又被称作娘娘殿,现送子娘娘像已毁。甬道南壁为曹议金祖孙三代男供养人及侍从10身,第五身为窟主曹延恭(图13-9)。

此窟曾遭烟熏,因此原本十分精彩的壁画都被黑烟笼罩。烟熏原因可能有二：一是1920年，在苏俄国内战争中失败的数百名白俄匪军逃窜到莫高窟，他们在壁画上任意涂沫、刻画，并在洞窟内烧火做饭，致使大批壁画被烟熏火燎，这是莫高窟经历的最大一次浩劫，此窟就是严重受损的洞窟之一，至今仍可在洞窟内南壁见到他们当时搭建的临时窝棚；二是清代将此窟改作送子娘娘殿，香火旺盛，这也是洞窟被熏黑的原因之一。现在所见到的第454窟，虽然历经如此多的磨难，但仍依稀可见当年的盛况，壁画绘制恢宏气派，故事情节众多，仍不失为宋代的代表性洞窟。

公元976年，曹延恭离世，曹元忠之子曹延禄即位，其妻为于阗国王李圣天第三女李氏。莫高窟第61窟中有李氏的画像，李氏头戴凤冠，上有花钗步摇，身着礼服，凤冠与项饰上镶满珠玉宝石，突出来自盛产玉石的于阗特色。李氏在人群中十分醒目，显示了她显赫的身份与地位（图13-10）。曹元忠以后的归义军政权开始逐步衰落，东西方两支回鹘势力不断侵扰敦煌，归义军辖内也出现了矛盾。公元1002年，瓜沙军民不满曹延禄的统治，在曹宗寿的带领下围攻军府，曹延禄及弟延瑞自杀，曹延恭之子曹宗寿即位。曹宗寿遣使入宋，宋朝承认了曹宗寿。此时，归义军开始与辽朝通使。曹宗寿同样信佛，曾与济北郡夫人氾氏一起请匠人编造经帙及添写卷轴，一同施入报恩寺。

公元1014年，曹宗寿卒，长子曹贤顺即位，遣使入贡于宋，被封为归义军节度使。曹贤顺还以沙州回鹘王衔，遣使朝贡于辽。公元1017年，辽封敦煌王。因避辽景宗耶律贤讳，贤顺对辽称恭顺，省称曹顺，同年亲自朝辽。公元1030年，称瓜州王。公元1035年，西夏军进攻瓜、沙二州，贤顺向回鹘求救，未果。第二年，降于西夏，归义军历史至此结束。

图13-7 莫高窟第55窟 中心佛坛 托座天王 宋初

图 13-8 莫高窟第 427 窟 窟檐 宋初

图 13-9 莫高窟第 454 窟 窟室内景 宋初

图 13-10 莫高窟第 61 窟 东壁北侧 于阗公主李氏 五

十四、西夏、元代的莫高窟

◎ 赵晓星

党项民族的借鉴与创新

　　唐朝后期活动在今陕、甘、宁地区的党项族，北宋初年在首领李继迁的率领下，与宋王朝进行对抗。1002年，李继迁攻下灵州，称西平府，迁都于此。1004年，李继迁卒，子德明即位，与宋议和，并把目标转向河西走廊。1028年，灭甘州回鹘；1030年，瓜州王以千骑降。1036年，西夏攻占敦煌，设瓜州西平监军司管辖此地。西夏的地方行政组织也分州、县二级制，敦煌仍称沙州。当时的西夏，主要是向东与宋、辽争战，无暇西顾。所以这时西夏对沙州的控制还很薄弱，沙州地方首领还保持着一定的独立性，甚至于归义军的使臣仍向宋朝贡了数次，这说明在西夏统治沙州的很长一段时间内，归义军仍有很大的势力。

　　1038年，李元昊称帝，建大夏国，史称西夏。建国后的西夏，一方面突出本民族特色，一方面又积极学习宋朝与周边民族和地区的先进文化，并模仿汉字创造了西夏文字。西夏历代统治者都十分尊崇佛教，将佛教定为国教。西夏的佛教还有着兼收并蓄的特点，汉、藏、回鹘佛教都对其有较大影响。早在1007年，李德明在其母去世时，就曾要求到五台山修供10座寺庙，并派人护送供品前去供祭。1030年，李德明向宋朝献马70匹，请求宋朝赐给西夏大藏佛经。李元昊本人更是通晓佛学，1034年，元昊向宋献马50匹，乞求赐佛经一藏。1035年，印度僧人善称等在从宋归国的路途中被李元昊扣押，就是为了向他们索要贝叶经，可见元昊求经之切。1038年，元昊遣使到五台山供佛宝。元昊死后，幼子谅祚即位，其母没藏氏代行国政。没藏氏曾一度出家，对佛教更是尊崇，多次向宋朝请大藏经。谅祚一朝，宋朝先后共赐给西夏3部大藏经。同时，西夏也向辽朝进贡回鹘僧、金佛和《梵觉经》。1062年，惠宗秉常在位时，西夏又从宋朝得到了第六部大藏经。此后，到了乾顺、仁孝时代，西夏的佛教已发展成熟。

　　值得一提的是：西夏佛教除了受到宋朝、回鹘佛教的影响，还受藏传佛教影响，密教在西夏境内流行最为广泛。西夏后期，藏传佛教更受重视。西夏皇帝仁孝曾派使者入藏迎请西藏佛教噶举派初祖都松钦巴到西夏传法。都松钦巴派弟子格西藏索哇到西夏传法，被仁孝尊为上师，除了传授密教经义和仪轨

图 14-1 莫高窟第 263 窟 中心塔柱东向龛内 彩塑 西夏

外，还组织翻译佛经。此后，萨迦派祖师扎巴坚赞的弟子迥巴瓦国师觉本，也曾被西夏奉为上师。此时敦煌开凿的重点地区在榆林窟，所以这一时期在榆林窟有许多藏密题材的洞窟。

这一时期，作为佛教圣地的莫高窟也留下了西夏佛教信徒的足迹。莫高窟除了有天赐礼盛国庆二年（1070 年）、三年、大安十一年（1084 年）的西夏文题记，还有大量的西夏时期重修重绘的洞窟。西夏壁画以千佛、菩萨为主，重视图案装饰效果，表现了题材内容和风格上的丰富性和多样化，创造出了此时适应敦煌地区民族众多、审美观独特的成熟艺术。其画风既有游牧民族粗犷豪放的气概，又兼具中原唐宋传统的细密、绮丽、抒情的意韵。但经变画较宋代更趋简单化、程式化，艺术风格呈现出对汉、藏艺术的吸收与本民族创新相结合的特色。

西夏时期的彩塑留存下来的极少，莫高窟第 263 窟的作品可为代表。窟内南侧的菩萨像和弟子像，是敦煌现存不多的西夏彩塑的代表作品。菩萨头束高髻，袒胸露臂，斜披天衣，外搭披肩，腰束长带，下着大裙，项、臂、手腕佩璎珞环钏，体态稍有曲线；面形饱满浑圆，细目修鼻，表情庄严凝重。弟子内着交领花袍，外披袈裟，光脚直立。西夏早期作品的人物造型、衣饰以及表现手法，受到唐、五代、宋的影响较多，特别具有唐塑遗风，只是不如唐塑那样优美动人（图 14-1）。

水月观音是西夏壁画中艺术成就极高的作品。由于此时开窟的重点在榆林窟，所以这一题材在莫高窟并不多见，位于第 237 窟前室西壁门上南侧的水月观音可为代表。观音头上披帽，背靠山崖，双手抱膝坐于岩石之上，身处圆光之中，意态闲适。水月观音画像据记载为唐代著名画家周昉所创，白居易称其画"净绿水上，虚白观中，一睹其相，万缘皆空"，可见此画意境幽远、超凡脱俗（图 14-2）。

大概在 1052 年以后，西夏加强了对瓜、沙二州的直接控制。1062 年，西夏惠宗为了和北宋进行战争，曾向东迁徙敦煌民众，使敦煌受到很大的削弱。1109 年，瓜、沙、肃三州发生饥荒，百姓流亡他乡。此后，随着海上交通的发展及陆上丝路的衰落，敦煌失去了丝路贸易中转站的地位，日渐衰落。

落日的余晖

13 世纪初，蒙古兴起后，出征西夏。1205 年，侵扰瓜沙地区。1224 年，蒙古骑兵围攻沙州半年。1227 年 3 月，蒙古汗国占领敦煌，废弃沙州建置，划入八都大王的封地，即归入成吉思汗长孙拔都的封地。同年 6 月，蒙古灭西夏。元朝版图辽阔，在四大汗国中有三个都须经敦煌与中原联络，因此敦煌的交通地位有所恢复。

1271 年，元朝建立后不久，马可·波罗曾路经沙州，并看到了当时敦煌较为安定富庶的景象。1277 年，元朝统一中国后，为了加强中央集权，实行行中书省制度。地方行政组织有省、路、府、州、县各级，元朝重设沙州，隶肃州，归元朝中央政府管辖，授当地百姓田种、农具，敦煌农业经济有所发展。1280 年，沙州升格为路，设总管府，统瓜、沙二州，直接隶属于甘肃行中书省。敦煌当时是元朝与西北藩王斗争的重要基地，但元朝西向的交通要道已不再通过敦煌，

图 14-2 莫高窟第 237 窟 前室西壁门上南侧 水月观音 西夏

敦煌在地理上失去了以往的优势。1291—1292年，元朝移瓜、沙居民入肃州，敦煌的地位日趋衰微。

元代统治者重视佛教，当时全国的寺院有4万多所。1244年，萨迦·班智达奉蒙古太子阔端之召，北上赴凉州，代表西藏各僧俗首领向蒙古表示归顺，其侄八思巴随行。1251年，萨迦·班智达去世，八思巴继任萨迦派法主。1253年，八思巴在六盘山谒见忽必烈，备受尊崇。1260年，忽必烈即位后，尊八思巴为国师，统领全国释教，他所信奉的藏传佛教开始在全国广为流传。1348年，西宁王速来蛮曾与妃屈术、太子养阿沙、速丹沙、结来歹、脱花赤大王等率官员、僧尼、百姓等刻《莫高窟造像碑》（即《六字真言碣》），施金帛、彩色、米粮、木植，命工匠重修莫高窟皇庆寺（图14-3）。

第61窟开凿于五代，甬道南壁的炽盛光佛陀罗尼经变，是元代统一中国再通丝路后从内地带来的新画风。壁画仅存上端大部分，画风精细新颖，气势雄壮。炽盛光佛安坐车内，指顶法轮，日月男女星官随侍两侧，怀抱琵琶的贵妇（金星）导行于前。车后，一绿色四臂星神，头作忿怒像，一手执剑，一手持戟，一手执羂索，另一手提人头，踏云奔于后，这可能是使人恐惧的荧惑星。整个画面风起云涌，龙旗招展，衣带飘扬，众星官簇拥随行，云间诸星有双鱼、双子、天平、天蝎、巨蟹等星座，当时被称为黄道十二宫，也就是现在所说的十二星座。画面还用兰叶、铁线两种线描交替勾勒，朱墨之外间或贴金，遥想此画初绘时应是非常光艳。元代皇庆年间全国各地地震、冰雹、干旱、水涝时有发生，炽盛光陀罗尼经变这种消禳灾星的壁画，自然也就应时而出（图14-4）。

密教艺术大放异彩

1.藏传密教

第465窟开凿于元代，是莫

图14-3 六字真言碣 元代

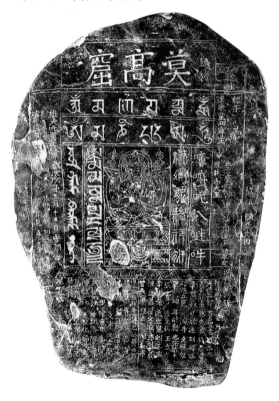

莫高窟史话

图 14-4 莫高窟第 61 窟 甬道南壁 炽盛光佛陀罗尼经变 元代

高窟罕见的以藏密艺术为主题绘制壁画的洞窟。密教是以高度组织化的咒术、仪礼、民俗信仰为特征的佛教宗派，因自称受法身佛大日如来深奥秘密教旨传授，故称密教。密教称其他佛教派别的教义为应身佛释迦牟尼公开宣说之教，故称显教，莫高窟南区洞窟多数为显教洞窟。中国密教又有汉密与藏密之分，汉密指由印度传入中原的密教，最突出的是开元三大士（善无畏、金刚智、不空）在唐代创立的密宗；藏密指从印度先传入西藏、再由西藏向外传播的密教，最早是在 8 世纪由印度僧人莲花生、佛密等先后入藏传播的密法。此窟是密教在莫高窟中独一无二的藏密洞窟，而且整窟的艺术性都很高，所以整窟都属于代表作（图 14-5）。

该窟主室中央设多层圆形佛坛，窟内壁画以密教曼荼罗为主。曼荼罗意译为坛城、道场。原意是筑一土坛，将观修的诸尊像安置其中。后来，佛教中引入曼荼罗，将特定修行法的尊像布置在相应的曼荼罗中，认为此坛中聚集具足诸尊之德成一大法。特别是在密教中，曼荼罗道场被认为是修行的最主要的道具和场所。中国、日本等地还有将佛、菩萨像绘在纸帛上的曼荼罗，莫高窟壁画中亦有不少曼荼罗图像。

图14-5 莫高窟第465窟 窟室内景 元代

窟顶绘制表现"五智圆通"的大日如来、阿閦佛、宝生佛、无量寿佛、不空成就佛以及各自的眷属。东壁门南绘一髻罗刹、骡子天王等三组；门北绘大黑天。南壁绘曼荼罗3幅，东起大幻金刚双身曼荼罗、时轮金刚双身曼荼罗、大力金刚双身曼荼罗。北壁绘曼荼罗3幅，东起为上乐金刚双色伴属神曼荼

图14-6 莫高窟第465窟 窟顶东披 伎乐供养菩萨 元代

罗、喜金刚双身曼荼罗、一残毁。西壁绘曼荼罗3铺，南起上乐金刚单身曼荼罗、上乐金刚双身曼荼罗、金刚亥母单身曼荼罗。各壁曼荼罗周围均为单身小像环绕，并间绘各种怪禽兽、人肢体各部位画面。四壁底层小方格内绘制84位大成就者，原均贴有汉文纸条为题记（图14-6）。

藏传密教信仰本身非常传奇，有许多多头多臂的特殊偶像，又有髑髅人皮等较为恐怖的装饰，加之洞窟内昏暗的光线、清冷凝重的色调，使得整个洞窟呈现出十分神秘的特征，使人进入洞窟时能立刻产生心灵上的震撼和不寒而栗的感觉。所以，第465窟不仅是藏密风格的代表洞窟，更是元代喇嘛教流行的真实写照。

2．汉密观音

第3窟开凿于元代，是一座汉密观音窟。该窟壁画以线描为主，突出展示了线描的造型功能，应用了多种线描技法，如铁丝描、折芦描、游丝描、丁头鼠尾描等。壁画地仗的制作，是以沙、土、石灰混合的三合土一次完成，色彩可以渗入壁画，粘结牢固。此窟除门顶、窟顶、龛内以外，其余各部位都画观音菩萨。观音菩萨在中国古代佛教信徒中具有广泛的信仰基础，密教传入后，观音越来越神奇，成为人们日常生活中有求必应、一刻都离不开的神灵（图14-7）。

图14-7 莫高窟第3窟 窟室内景 元代

图14-8 莫高窟第3窟 南壁 千手千眼观音 元代

此窟南、北两壁各画千手千眼观音变1幅。观音菩萨修证圆通，道行无上，能现诸多妙容；过去因听千光王静住如来说广大圆满无碍大悲心陀罗尼神咒，发誓要安乐利益一切众生，于是身生千手千眼。千手千眼观音是六观音之一，有8大菩萨为眷属，并领28部众。菩萨的眷属画在西壁龛内外，南、北壁千手千眼观音两侧皆为28部众眷属。壁画中千手观音像为11面，40大手，其中两大手高举化佛，双手合掌，两手托钵，四周环绕两飞天及部众。观音面相庄严，线描技巧纯熟，其精美简直令人难以用语言形容，为莫高窟艺术精华中的上乘之作（图14-8）。

十五、藏经洞的发现

◎ 梁　红

明清时期的敦煌早已不复昔日的繁荣景象。此时，中国的外销商品以茶瓷为大宗，随着航海事业的发展，航路的开拓，海上丝绸之路已取代了陆上丝绸之路。1524 年，明帝国关闭嘉峪关，使中西交通中断，丝绸之路商旅凋敝，敦煌孤悬关外，莫高窟"佛教屡遭毁坏，龛亦为沙所埋"，敦煌的一切亦随之沉寂了，曾经信众云集的窟寺，烟火不复昔日的兴盛，莫高窟石窟雕塑与壁画日渐残破。

清朝末年，一直由佛教僧侣管理的莫高窟石窟寺迎来了一位王道士。王道士，本名圆箓（1849 — 1931 年），湖北麻城人。光绪初年，入肃州巡防营为兵勇。后来受戒成为道士，道号法真，曾远游新疆。约光绪二十三年（1897 年）至敦煌莫高窟，随后建三清宫，即今天莫高窟下寺，至此落户敦煌（图 15-1）。

王道士到敦煌以后，面对残破的庙宇及流沙满室的洞窟，发愿要重修莫高窟。经过数百年的风蚀雨蚀，加之流沙的不断侵害，莫高窟早已是千疮百孔，维修的工程十分巨大。莫高窟的经济来源主要是当地人施舍的香火钱，那点儿微薄的收入也仅够居住在那儿的僧侣日常生活使用。这笔庞大的费用该怎么筹集呢？王道士重修莫

图 15-1 王道士

高窟的愿望是十分坚定的,他用了宗教僧侣最常用的方法——化缘来解决这个问题。从此,王道士经常外出化缘,把得来的钱财除了用于日常生活之外,都拿来清理和修整洞窟。

他清理窟寺中的流沙,因工作量大而想出了各种办法。春天,他带人将宕泉河水引到窟前,利用水流冲刷积沙。当时莫高窟的栈道因日久失修所剩无几,为了通行方便,王道士将各个洞窟凿通。并利用化缘所得购买了一些颜料,将塑像重新粉刷。无论从当时或是现在来看,王道士重修莫高窟的愿望都是良好的,但令人遗憾的是:他的种种行为对莫高窟历史文物的破坏是无法弥补的,包括凿壁破坏壁画、重绘使原像面目全非从而失去了原有的价值等,可以说他的行为效果与他的愿望背道而驰。

对莫高窟修缮的第一步是将洞窟中的积沙清理掉。这项工程工作量很大,王道士雇用了一些当地的农民帮忙。就在王道士对莫高窟清理的过程中,他发现了藏经洞。

在王道士所住的下寺旁边,是莫高窟的一个大型洞窟,古代称为"吴和尚窟",现编号为第16窟,是大型背屏式洞窟,系晚唐大中五年至咸通三年(851—862年)间由吴姓河西都僧统洪辩所建。窟室内呈方形,面积大约240平方米,窟前依崖构建三层木构窟檐,第一层即16窟"吴和尚窟",第二层为第365窟即"七佛堂",第三层为第366窟,这三个洞窟都是洪辩主持营建的,是洪辩和尚的功德窟,在莫高窟洞窟营建史上占有十分重要的地位。

在第16窟的通道北侧,又开了一个小洞窟,现编号为第17窟,是洪辩生前的禅窟,供他修禅之用,也称为罗汉堂。第17窟坐北面南,平面近于方形,覆斗形窟顶。边长不足3米,壁高不足2.5米,全窟高3米。北壁贴壁建长方形禅床式低坛,其侧面和前侧面画有壶门、衔灵芝的鹿、茶花边饰和云头僧履。禅床上端坐1身泥塑洪辩像。北壁画两株菩提树,枝叶相接。菩提树左侧有1身比丘尼,双手捧持对凤团扇。菩提树右侧画近侍女,一手持杖。中间是两株枝叶繁茂的菩提树,树枝上悬挂着僧人使用的净水瓶和拎袋。西壁嵌大中五年洪辩告身牌一通(图15-2)。

光绪二十五年(1899年)五月的一天,王道士和雇来的几个民工将积沙清除得所剩不多时,突然听到响声,入口附近的壁面裂开了缝。原来,由于长时间积沙的堆积,窟壁失去积沙的壅护,倾斜龟裂。王道士他们敲了敲那面窟壁,发出空洞的声音。这个发现使王道士十分兴奋,在他看来里面一定藏着许多财宝,小心谨慎的他并没有当场拆除这面墙,而是在当天夜里和一个姓杨的人一起做了这项工作,这个杨姓的人很可能最早发现了壁面的裂隙。表层的绘

图 15-2 莫高窟第 16 窟 甬道 藏经洞外景

有精美壁画的墙面被拆除后，里面露出土坯垒砌的小门。拆除了土坯，打开了那扇小门，眼前呈现一个黑黝黝的小室，在微弱的光线下，王道士等看见这个不大的洞窟里整齐有序地堆放着很多的白布包、造像和法器等（图 15-3）。这个洞窟后来被称为"藏经洞"。

　　在相当长时间以后，随着藏经洞文物的流散、各种出版物和研究成果不断展现在世人面前，人们知道这个石室藏有各种写本、印本或拓本，大量经卷、文书、账册、帛书、绘画、织绣、铜像、法器等总量达 5 万件之巨。王道士的徒弟赵明玉和徒孙方至福为王道士所做墓志是这样写藏经洞的发现过程的："以流水疏通三层洞沙，沙出壁裂一孔，仿佛有光，破壁，则有小洞，豁然开朗，内藏唐经万卷，古物多名，见者惊为奇观，闻者传为神物。此光绪廿五年五月廿五日事也。"（图 15-4）这个偶然的发现开启了中国古代史研究的新窗口。

据不完全统计，藏经洞发现了5万多件古代各类写本，其中95%的汉文写本为佛典，包括经、律、论、疏释、赞文、陀罗尼、发愿文、启请文、忏悔文、祭文、僧传、经目等。非佛典文献虽仅占5%，但内容相当广泛，包括四部、道经、俗文学、文书档案等。如果进一步细分，则史部包括史书、政书、地志、氏族志等；子部包括道教卷子、医书、历书、占卜书、类书等；集部有别集、诗、曲子词、变文、讲经文、押座文、话本、俗赋及词文等。官私文书是敦煌文书中最具珍贵史料价值的一部分，包括符、牒、状、帖、榜文、敕词、过所、公验、度牒、告身和籍账等。另有与户部、刑部和兵部相关的文书片段。也有建窟功德文、人物邈真赞、碑铭记等。又有各类绘画艺术品，如绢画、麻布画、纸本画（白画、白描、画稿、着色画、印本、版画、杂画涂鸦）、印章、刺绣、丝织物、木雕像等。此外还有大量的外文和少数民族文写本，如佉卢文、粟特文、突厥文、梵文、于阗文、龟兹－焉耆文、婆罗谜文、

图 15-3 藏经洞写经

图 15-4 王道士塔

吐蕃文、回鹘文、希伯来文、西夏文、蒙古文等。

　　这样大量的文物为什么会封存在不见天日的小小窟室之中，又是什么时候封存起来的呢？藏经洞一经发现，这样的思考就从来没有停止过。现在最为流行的是避难说与废弃说。

　　曹氏归义军晚期，党项族与沙州回鹘交战，1036年占领敦煌。部分学者认为藏经洞封闭原因，可能是莫高窟僧人在西夏军队还没有占领敦煌以前，因战事吃紧，躲避战乱，将部分不便携带而又不忍丢弃的经籍文书、铜佛和法器等藏于密室，以防战乱中这些佛教典籍及法器被损毁，放好后又将密室封死，并在封墙上画上供养菩萨像，以遮人耳目。后来因为不可知的原因没有取出来，这批文物一直被封存了近千年之久。

　　也有人认为是为了躲避当时的黑汗王朝入侵才将这批文物存放起来的。黑汗王朝是由我国古代的突厥和回鹘民族在新疆塔里木盆地西缘建立的喀喇汗国，是我国新疆第一个信奉伊斯兰教的王朝，它对新疆的伊斯兰化起到了很大作用。喀喇汗国建立后，极力推广伊斯兰教的信仰，对其周边的诸多小王国进行战争侵略，所到之处，毁寺逐僧，使当地的佛教信仰几乎灭迹，这样的行径让远在敦煌的僧侣们感到了威胁。1006年，与敦煌曹氏归义军政权交好的、也同样笃信佛教的于阗王国被黑汗王朝消灭，这更加刺激了敦煌僧众。僧人们为了以防万一，决定封存各寺院的佛经文书及佛教艺术品，以防黑汗王朝侵占敦煌时，毁掉这些佛教典籍及器物。

　　但也有人认为避难说不能解释为什么在战争结束或并没有战争后而不将它们取出来。一些佛教研究者认为这些我们今天看来十分珍贵的历史文物在当时只不过是不好处理的"神圣的废弃物"。在佛教传播的过程中，佛教信众包括僧人与在家信徒在内都会使用各种经文、造像和法器，这些物品在使用的过程中很容易磨损以至残破，无法使用，或有新的物品来取代，这时，那些破旧或被替换下来的物品因是佛教器物，在"崇圣尊经"观念的支配下不可以被彻底毁掉，佛教通行的办法是将这些物品封存起来，也有人说这不能叫废弃而是供养。在敦煌藏经洞发现的卷本中有许多是残破不全的，似乎也支持着这种说法。

　　然而，藏经洞文物的发现是由一个对文物及历史几乎一无所知的道士王圆箓来完成的，对于文物的原始状态已无法了解。也许只有随着更多的文献文物的面世及研究成果的不断积累，我们才可能了解藏经洞文物被封存的真正原因。

　　藏经洞文物共计约5万件，自从藏经洞发现以来，就开始向外流散，现已大半流散于世界各地的各大博物馆和图书馆以及私人手中，只有一小部分保存在国内博物馆与图书馆，有些甚至下落不明。

十六、盗宝者

◎ 梁　红

藏经洞文物的发现意义重大，与殷墟甲骨、内阁档案大库、居延汉简一起被称为20世纪中国古文献的四大发现，为我国古代史的研究提供了不可多得的第一手资料，同时也为学者们打开了一个全新的视角。

面对这样一个发现，即使愚昧无知的王道士并不清楚这种历史意义，他也感觉出这个事件并不简单，可以说面对满室的写卷与其他艺术品，王道士惶惶不安，不知所措。后来他把几箱经卷运到酒泉献给当时的安肃道道台廷栋，廷栋对这件事很不以为然，他又把它报告给敦煌县令汪宗翰，几经折腾，最后得到了官府的处理意见——"原地保存，不得私自买卖与处理"，之后就再无消息了。但是，当地的官员们都从王道士手中得到过其中他们比较喜欢的经卷与绘画艺术品等。

清政府对这批文献并不重视，国内学者对此发现也一无所知。然而对于欧美在西亚的考古学家们来说，这却是天大的事情。

王道士发现藏经洞7年之后，欧美的考古学者陆续来到了敦煌。藏经洞文献开始了它的流散历程。先后到达敦煌的有英人斯坦因、法人伯希和、日本大谷探险队的橘瑞超与吉川小一郎、俄国鄂登堡探险队、美国人华尔纳等人。

图16-1　斯坦因

斯坦因

第一个到达敦煌的外国劫宝人是英国的探险家斯坦因。斯坦因（Marc Aurel Stein，1862—1943年）（图16-1），生于匈牙利首都布达佩斯一个犹太人家庭。他的父母都是犹太教徒，可是为了儿子的前程，却让他专门接受了基督教的洗礼。他们认为：接受基督教的洗礼是开启犹太居住区之门的钥匙，这样做的目的是为儿子开辟自由之路。后来的事实完全证明，他们精心的选择的确很有远见，这对斯坦因的一生都产生了重大而深远的影响。斯坦因10岁时就被送到德国上学，在学校里学会了德语、英语，还精通希腊文和拉丁文，后来他在莱比锡和维也纳上大学时又学会了梵文和波斯语，21岁时取得了博士学位。25岁时他独自一人来到印度、克什米尔地区从事探险。他对事业的追求是十分执著的，只要是他认定要去做的事，无论有多么大的困难，遇到多少艰难险阻，都不会放弃。为了追求事业的成功，他终身未婚，把毕生精力全部投入他所热爱的考古探险事业上。

图16-2 蒋师爷

斯坦因把一生中最好的年华都用在了亚洲腹地的探险考古事业上，在英国和印度政府的支持下，先后进行了四次中亚探险。

1907年3月21日，在他第二次的探险过程中首次来到了敦煌。

1906年，斯坦因开始他的第二次中亚探险活动，1906年4月20日，由8人组成的斯坦因考察团从印度出发，他们越过帕米尔高原，来到中国新疆。斯坦因在喀什聘请了一个中国师爷——蒋孝琬作为汉语翻译和助手。蒋孝琬（？—1922年）（图16-2），或称蒋资生，俗称蒋师爷，湖南人，是斯坦因一生最好的朋友之一，也是斯坦因在敦煌考察的关键人物。光绪年间到新疆，曾在县、州行任师爷。光绪十五年（1889年）后，一直在新疆莎车衙门任职。蒋氏身体状况很好，思维敏捷，能言善辩，文化素质较高，古文功底相当不错，对古物与考古有兴趣，也很擅长古物鉴赏。他们沿古丝路东行，一路经过和田、若羌、楼兰等地，挖掘了著名的楼兰遗址，发现了大量的珍贵文物。由于此时伯希和也在新疆考察，因此斯坦因一路比较小心，也大大加快了工作速度，为的是要在伯希和之前到达目的地敦煌。早在 1902 年，斯坦因就从他的同乡好友、匈牙利地质学家拉乔斯·洛克齐（Lajos Loczy）那里听说过敦煌莫高窟的精美壁画和雕塑，考察敦煌是他的探险计划之一（图 16-3）。洛克齐在 1877 年 5 月率领考察团到达敦煌，"发现"莫高窟。他们的著作《于远东》里有对莫高窟的描述。

斯坦因先在敦煌附近的长城沿线掘得大量汉简。这时他听说敦煌莫高窟发

图 16-3 斯坦因来中国考察的护照（《敦煌研究院图史》）

图 16-4 斯坦因拍的第 16 窟甬道堆经图（《西域考古记》）

现了一批古文献，这促使他迫不及待地赶到敦煌。在敦煌期间，他考察了洞窟，做了大量的考古笔记，拍摄了洞窟壁画，并利用一切机会想要取得王道士的信任。在蒋师爷与王道士的闲谈中，斯坦因得知王道士对《西游记》中的唐玄奘十分敬佩，就把自己比做东来取经的玄奘，果然王道士慢慢开始信任斯坦因和蒋师爷了。最后，王道士将藏经洞的卷册抱出一部分任蒋师爷和斯坦因两人挑选（图16-4）。这样，斯坦因等利用王道士的无知与对宗教信仰的热情，廉价骗购藏经洞出土敦煌写本24箱、绢画和丝织品等5箱（图16-5、图16-6）。

斯坦因在敦煌活动的时间长了，引起了当地人的注意，同时敦煌的地方官员告诉斯坦因，兰州方面也来了命令，要斯坦因注意外交礼节。于是6月13日斯坦因一行率领着一支由大群运输骆驼和马匹组成的队伍，浩浩荡荡向瓜州进发，在榆林窟拍摄了2天，将在敦煌所得寄放在了瓜州后又到了酒泉，考察了嘉峪关长城，又于8月28日到达张掖，在张掖活动了5天。9月25日返回到瓜州，取回了寄存在瓜州的"战利品"。当时斯坦因还给王道士写了一封信，由蒋孝琬秘密去了一趟千佛洞，又从王道士手中得到了230捆

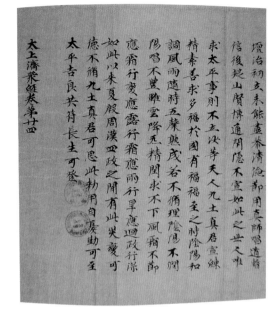

图16-5 英藏写经一例

图16-6 英藏敦煌绢画《引路菩萨》

手稿3000多卷写本。这次所得经卷写本经过1年零6个月的长途运输，于1909年1月抵达伦敦，入藏大英博物馆。

之后，斯坦因在他的第三次亚洲探险活动期间又到过敦煌。1915年3月24日，斯坦因到达莫高窟后受到了王道士热情的接待，王道士还给斯坦因过目了他的账目支出情况，并忠实报告了当日斯坦因"施舍"银钱的用处。王道士还抱怨政府拿走藏经洞文物，却不给他兑现承诺之事，并后悔当日没有全部给斯坦因。此次经过斯坦因的交涉，王道士又拿出了私藏下来的几百卷写本，因此斯坦因又得到了4大箱的写本文书，又在当地收购了一些，所得一共约5大箱600余卷。

四次中亚探险所获敦煌等地出土文物和文献，主要入藏伦敦的英国博物馆、英国图书馆和印度事务部图书馆，以及印度德里中亚古物博物馆（今为新德里的印度国立博物馆）。斯坦因本人除上述考古报告和旅行记外，还编著有《千佛洞：中国西部边境敦煌石窟寺所获之古代佛教绘画》（1921年）一书。由于他在探险中有着惊人的发现，并获取大量的珍贵资料，深受英国政府的赞赏，被理学会授予发现者金质奖章，英女王授予爵士勋号，牛津大学和剑桥大学赠以名誉博士学位。

1943年，81岁高龄的斯坦因死在今阿富汗首都喀布尔附近的考古发掘地。

伯希和

斯坦因第一次到达敦煌取得成功离开后不久，莫高窟又来了一位外国访客。1908年，法国人伯希和带领考察团来到了敦煌。

伯希和（Paul Pelliot，1878—1945年）（图16-7），法国人，出身于巴黎一个商人家庭。早年在法国政治科学学院、东方语言学院等处学习，精通汉文，专研汉学。1899年，往越南河内学习并供职于印度支那考古学调查会，即法兰西远东学院，曾数次奉命往中国购买中国古籍。

图16-7 伯希和

1900 年，伯希和被学院派到北京购买收集文物与图书。其时正是义和团运动强烈排外时期，一次法国驻北京的公使馆被义和团围攻，义和团士兵正准备纵火焚烧，许多法国人隐藏于一堵墙壁后准备还击，而伯希和不顾个人安危，挺身而出，对公馆外的义和团士兵喊话，从而保住了使馆，被授予荣誉勋章。他在八国联军侵入北京时利用各种手段获得大量文物，如青铜器、景泰蓝以及汉文、藏文、蒙文的典籍珍本，还有大量的绘画品，这些中国宝藏分藏在法国巴黎国家图书馆与卢浮宫等地。1901 年，受聘为法兰西远东学院教授，在诸如印度支那及东南亚历史地理、汉籍目录版本、中国的外来宗教和异教派、中国佛教起源及与道教的关系等各领域均有一定的造诣。

　　1905 年，由"中亚与远东历史、考古、语言及人种学考察国际协会"法国分会会长塞纳（Emile Senart）委任伯希和为法国中亚探险队队长，与测量师瓦扬（Louis Vaillant）和摄影师努埃特（Charles Nouette）一起组成考察团。

　　1906 年 6 月 15 日，伯希和考察团离开巴黎，乘火车经俄罗斯进入我国新疆的喀什，他们分别考察了库车的多处石窟寺，后由库车至乌鲁木齐，准备前往吐鲁番进行考察。在乌鲁木齐他遇到了被流放到此的一位官员，伯希和从这位旧识口中知道了敦煌藏经洞文献的事情，并亲眼见到了他手中的藏经洞发现的唐人手稿。这一消息对汉学家伯希和来说是个意外收获，于是他放弃考察吐鲁番的计划，日夜兼程直奔敦煌而来。

　　1908 年 2 月 12 日，伯希和一行来到莫高窟，这时藏经洞的门紧锁着，王道士不在莫高窟。伯希和利用这段时间对莫高窟进行了全面的考察。他们对所有洞窟进行编号、测量、拍照和抄录各种文字题记，将大部分洞窟进行了详细记录，拍摄了大量的照片，这是有史以来对莫高窟的第一次全面而详细的考察活动（图 16-8）。这些记录后来分别以《伯希和敦煌石窟图录》与《伯希和敦煌石窟笔记》为名多卷本出版，成了研究莫高窟的重要资料。

　　当王道士回到莫高窟以后，伯希和便和王道士进行交涉，伯希和流利的汉语很快就博得了王道士的好感。王道士从伯希和的谈话中了解到伯希和并不知道斯坦因带走经卷一事，因此他就不再担心了。伯希和同样使用了金钱诱惑的办法，答应给王道士一笔香火钱。经过大约 20 多天的交涉，3 月 3 日，伯希和被带进藏经洞，允许他在洞中挑选自己满意的经卷（图 16-9）。面对着这数万件珍贵文献，伯希和惊呆了。在以后的 3 个星期中，伯希和在藏经洞中借助昏暗的烛光，以每天 1000 卷的速度，将所有经卷翻检了一遍，并将这些经卷分成两堆，其中一堆是他认为最有价值的。这一堆的挑选标准是：一是要标有年代的，二是要普通大藏经之外的各种文献，三是要汉文之外的各种民族文字材

图 16-8 伯希和考察队在莫高窟

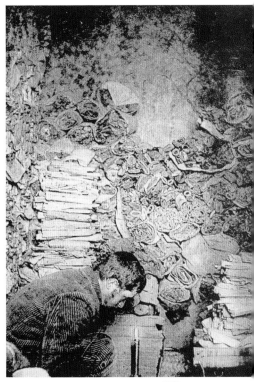

图 16-9 伯希和在藏经洞查阅卷子

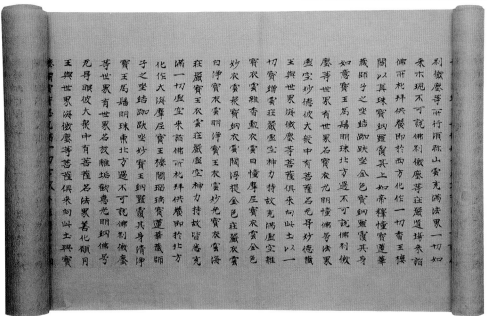

图 16-10 法藏敦煌写本《法华经》

料。这堆写本是不惜一切代价都要得到的。另外一堆则是必要时可以舍弃的写卷。

伯希和挑选完毕，向王道士提出想全部得到的要求，王道士不敢答应这样的要求。最后，在答应保守秘密后，伯希和以500两银子换得了藏经洞6000余件写本，它们的数量虽然没有斯坦因盗取的多，却是藏经洞写本中的精华（图16-10、图16-11）。伯希和在得到他所要的东西之后，就让努埃特带着装文物的箱子通过海运回国，而他自己则带了一箱子手稿前往北京，采购图书。这次来京，伯希和对在莫高窟得到写本的事守口如瓶。

同年12月，伯希和回到河内的远东学院。1909年5月，伯希和又来到北京，出示给中国学者一些敦煌卷子并说出了它们的由来，当时在北京的许多著名学者如罗振玉、蒋伯斧、王仁俊、董康等都目睹了敦煌宝藏，大为震惊。

经过以罗振玉为首的中国学者的奔走呼吁，才由当时的清廷学部负责把敦煌藏经洞所剩文物运送至京。然而在运送以前，王道士就已经将其中比较完好的经卷私藏起来。后来又被欧美日一些劫宝者买走。

押送进京的任务交给了新疆巡抚何彦升，押解差官是江西人傅某，前来押运的清朝官吏很不用心，并没有把藏经洞文献收拾干净，致使1920年国民政府官府检查时仍有遗存。沿途一路，大小官府如同层层关卡，官员们和经手人雁过拔毛，不断把手伸进"运宝"的车中。运载经卷的大车离开藏经洞，首先到达敦煌县城。押送的人把车子停在官衙门外，大家入内吃饭。门外的人就从大车上抽取经卷。押送的人对于门外发生的事睁一只眼闭一只眼。从敦煌，经过酒泉、高台、张掖、永登到兰州，再到定西，一路都有经卷丢失。

图 16-11 法藏敦煌绢画 菩萨

对敦煌卷子有兴趣、有盗窃机会的人都是当地的上层人士,地方官宦、名士、乡绅,各有所得。敦煌卷子一时成为抢手货,敦煌为官者乃至甘肃的为官者,甚至于行伍出身的军人,也无不以得到敦煌经卷为快慰。实际上,多少人参与这一路的盗窃,有多少经卷流失,如今已成了永远的谜。

当运载写本的大车进了北京城后,押运官何彦升并没有马上移交学部,他让儿子何震彝把车子接进他家。由何震彝和他的岳丈李盛铎以及刘廷琛、方尔谦等人一同把车上的经卷写本翻了一遍,择其精好者窃取出来。为了怕缺了件数,被人发现,竟将较长的卷子一撕为二来充数。然后才交给学部,入藏京师图书馆,入藏时总共约8000多件。

大谷探险队

大谷探险队即日本大谷光瑞派遣的三次中亚探险队。

大谷光瑞(图16-12)是西本愿寺第22代宗主,是日本西本愿寺法主,1900年被派往欧洲考察宗教,见到斯文赫定、斯坦因、伯希和等人中亚探险的成果,决定利用回途往中亚探险,从而揭开了日本考察中国西北的序幕。

大谷探险队的成员是在第三次探险时到达敦煌盗宝的。1910年8月,橘瑞超(图16-13)从伦敦前往吐鲁番、楼兰、和田等地发掘。1911年,中国爆发了辛亥革命,形势发生较大的变化。大谷光瑞也长时间没有得到橘瑞超的消息,很是着急,便决定派吉川小一郎(图16-14)前往寻找,吉川经上海、武汉、兰州,于1911年10月5日到达敦煌,他首先拍摄了洞窟。在敦煌期间,吉川一方面派人,并向新疆各地打电报寻找橘瑞超,一方面又在敦煌进行盗宝活动,先后得到了一些写经、文书并骗取了几尊彩塑(图16-15)。

此时橘瑞超也正由新疆的若羌装扮成维吾尔族人向敦煌进发,在路上碰到了一位从敦煌回来的维吾尔族人,知道了吉川小一郎在敦煌找他的消息。于是赶往敦煌,于1912年1月26日到达那里

图16-12 大谷光瑞

图 16-13 与敦煌房东在一起的橘瑞超

图 16-14 吉川小一郎

与吉川会合。在敦煌他们分别从
王道士及其他人那里买到一些敦
煌写本。两人在敦煌活动了一些
时间，吉川前往吐鲁番，橘瑞超
前往瓜州。在瓜州橘瑞超又收到
国内的电报，要求他马上中止活
动回国，于是他只好回头，赶上
吉川一起经哈密到吐鲁番，吉川
决定在吐鲁番继续发掘，橘瑞超
则前往乌鲁木齐，取道西伯利亚
回国。吉川则继续在吐鲁番工
作，到 1913 年 2 月离开吐鲁番，
经焉耆到库车，调查了库木吐
喇、苏巴什等地后，又西进喀什，
南下和田，北上伊犁，最后东返
乌鲁木齐，经吐鲁番、哈密、敦
煌、酒泉等地，于 1914 年 5 月至

图16-15 莫高窟第444窟 吉川小一郎刻写题记

北京回国，从而结束了日本人大谷光瑞第三次的中国西北考察活动。

　　大谷探险队的人员构成本身不是学者，而且他们考察的范围也过于广泛，他们所发掘的东西由于没有很好的记录，也不是科学发掘所得，很大程度上是以盗宝为目的进行的，因此资料意义与价值大大降低，对古迹古物造成了严重的破坏。

　　三次大谷探险队的收集品主要存放在神户郊外大谷光瑞的别墅二乐庄，部分寄存在帝国京都博物馆（今为京都国立博物馆）。1912年11月，曾在二乐庄举办收集品展览。1915年，将所得精品影印刊布在《西域考古图谱》中。1914年大谷光瑞辞掉宗主职位，大谷收集品随之分散，一部分随二乐庄卖给久原房之助，久原将这批收集品寄赠给朝鲜总督府博物馆，今藏首尔国立中央博物馆。寄存在京都博物馆的部分，现入藏东京国立博物馆。大部分收集品在1915年至1916年之间运到旅顺，后寄存在关东厅博物馆（今旅顺博物馆），曾编有简目，与探险队员的部分日记一起，发表在《新西域记》中。此外，又有大量收集品运回日本京都。1948年，大谷光瑞去世后，在西本愿寺发现从大连运回的两个装有收集品的木箱，后捐赠龙谷大学图书馆。留在旅顺的部分大多仍保存在旅顺博物馆；其中敦煌写本600余件，于1954年调到中国国家图书馆保存。

图 16-16 鄂登堡

鄂登堡

鄂登堡（1863—1934年）（图16-16），俄国探险家。又译奥登堡。生于后贝加尔州。1885年，圣彼得堡大学东方语言系梵文波斯文专业毕业，获得博士学位，留校任教。1894年，通过博士论文答辩。1900年，为俄国科学院研究员。1903年，被选为科学院通讯院士。1908年，被选为院士。1903年，创建俄国中亚研究委员会，以后又组织几次中亚考察队。1904年，起任科学院常任秘书。1916年，任亚洲博物馆馆长。1917年，在克伦斯基的临时政府中当过教育部长。

鄂登堡对中国西北的考察活动是在所谓的"俄国委员会"的主持下进行的，该组织是研究中亚及东亚的俄国委员会的简称。而其中扮演最重要也是最不光彩角色的是俄国驻喀什领事馆，这也是一个当时为各国探险家和考察团服务的中间机构，该组织也向俄国及各国提供中国新疆各地的文物消息，并直接参与盗劫活动，得到过数以千计的宝物，他们亦与当地的文物贩子相互勾结。

1914年5月，沙俄的一个考察团成立，成员有鄂登堡、画家兼摄影师杜丁、矿业工程师兼地形测绘员斯米尔诺夫、画家宾肯贝格、民族学家罗姆贝格及10名辅助人员和1名中国翻译，以及在到达新疆塔城后所雇用的7个哈萨克人，这一次他们的目的地是敦煌莫高窟（图16-17）。

考察团是沿塔城、奇台、乌鲁木齐、吐鲁番、哈密到敦煌，最终目的地是敦煌莫高窟。1914年8月20日，他们到达千佛洞，然后按计划分工进行。在敦煌期间，他们详细研究了洞窟壁画与彩塑，认真进行了摄影、复描、绘画、测绘、考古清理、发掘和记录工作，包括很少有人注意的莫高窟北区石窟也都做了一定的考古清理，并绘制了莫高窟南北两区的崖面平面图。考察团的工作是在敦煌最为寒冷的冬天进行的，工作一直进行到1915年初，当时世界形势发生了变化，第一次世界大战爆发，中国参战的消息使他们恐慌，不得不提前结束考察，于1915年1月26日启程回国，带走了千佛洞测绘的443个洞窟的平剖面图，拍摄了2000多张照片，剥走了一些壁画，拿走了几十身彩塑，绘制了几百张绘画。记录了详细的资料，同时也带走了莫高窟南北两区洞窟中清理发掘出来的各类文物，加上在当地收购的文物，如各类绘画品、经卷文书等，浩浩荡荡地离开了千佛洞（图16-18、图16-19、图16-20）。

鄂登堡考察团回国后，他们的资料分成两部分：写卷移交亚洲博物馆，即今天的东方学研究所圣彼得堡分所；艺术品、地形测绘资料和民族学资料、考察记录和日记等存入俄国博物馆、民族学博物馆、地理学会等博物馆，后全部收藏在艾尔米塔什博物馆东方部。现在藏于此博物馆的敦煌文献与艺术品等主

图 16-17 俄国探险队

图 16-18 俄国探险队从莫高窟运走文物的队伍

图 16-19 俄藏敦煌彩塑

图 16-20 俄藏敦煌绢画菩萨

要包括雕塑、壁画、绢画、纸本画、麻布画以及丝织品等。其中幡画66件、绢画137件、纸本画43件、壁画14幅、彩塑28尊、织物58件、近2000张照片等。而藏于东方研究所圣彼得堡分所的佛经文书约有2万件。

由于俄罗斯在二战期间和其后历史的特殊性，这批文物，尤其是其中的绘画一直很少透露，不过近年来有所改观。另外因为鄂登堡的工作日记一直密藏在苏联科学院档案库，所以鄂登堡如何搞到这么多藏经洞文献，至今仍然是一个谜。近年来由上海古籍出版社和俄罗斯有关方面合作，分别就俄罗斯所藏敦煌文献和敦煌艺术品进行出版，有关鄂登堡等人的日记也在翻译中，也许可以给我们提供一些资料。

华尔纳

1923年，由哈佛大学福格艺术博物馆的兰登·华尔纳和宾夕法尼亚博物馆的霍勒斯·杰福，再加上翻译员王秘书和4辆简陋的双轮马车，组成了第一次中国西北的美国远征队——哈佛大学考古调查团。

华尔纳（Langdon Warner，1881—1955年）（图16-21），美国探险家。1903年，毕业于哈佛大学，之后成为拉斐尔·庞波莱的地质学和考古远征队的成员，到过俄属中亚细亚。1906年，留学日本，专攻佛教美术。1910年，又在朝鲜和日本调查佛教美术。由于他在这方面的知识修养很高，1913年，在哈佛大学第一次开设了东方艺术课程。华尔纳也曾前往伦敦、巴黎、柏林、圣彼得堡等地参观过斯坦因、伯希和、勒柯克、科兹洛夫等人盗取的中国西北的文物，并与一些当时因研究西域美术而著名的中国美术专家和汉学家有过接触与交往，也读过他们的书，使他对中国西北产生了浓厚的兴趣，加上他的专业关系，以及他曾来中国北京商谈美国人在中国建立考古学校事宜，这一切促使他特别

图16-21 华尔纳

想到中国西北进行实地考察。而当时美国的一些博物馆也正在物色人选，准备前往中国西北从事古物收集，最后华尔纳成了最佳人选。

考察团首先由北京到西安，然后才正式开始考察。先后考察了黑城遗址，即内蒙古额济纳旗，早在此前俄国人科兹洛夫已来过此地，并有大量的发掘，得到了大量十分珍贵的文物，包括在一个塔内发现古写本图书馆。因此华尔纳的考察收获不大。于是前往敦煌。1924年1月，华尔纳到达敦煌莫高窟，此时藏经洞中的宝藏早已被瓜分得一干二净，因此藏经洞与他倒没什么干系，在经过参观考察之后，他们决定剥离壁画和搬走彩塑，进行文物盗劫。为了顺利进行工作，华尔纳给了当时看守莫高窟的王道士一些礼物，王道士同意他揭取壁画。后来华尔纳又以70两银子的价钱从王道士处得到了第328窟盛唐的精美彩塑供养菩萨像1身（图16-22），现存哈佛大学赛克勒博物馆。当时他用特制的一种胶布，用涂有黏着剂的胶布片敷于壁画表层，剥离莫高窟第335、321、329、323、320等窟唐代壁画精品26块（图16-23）。他在揭取壁画时采取的这种方式极其简单、原始、拙劣，导致壁画受到摧残。另外，还购得敦煌写本《妙法莲华经》残卷。由于气温寒冷，不利于胶水的使用，加上他也缺乏助手，便在剥取了这些壁画之后，于1924年4月返回兰州，经北京回国。其旅行记录为《在中国漫长的古道上》。

华尔纳回国后，因为他的经历与收获，获取了很大的荣誉。于是他又组织了第二次考察，目的是揭取壁画和搬走彩塑。第二次考察团由6人组成：华尔纳、杰恩、丹尼尔·汤普森（负责剥离壁画）、阿兰·普列斯特、霍拉斯·史汀生（负责测绘）、查理德·斯达尔（负责摄影）。主要是针对莫高窟第285窟，准备将此窟全部搬到美国。北京大学的陈万里先生作为中国专家随队西行。陈先生的西行虽然表面上是为考察队解决一些古文和语言困难，实际上主要是阻止华尔纳盗劫我国文物。事实上，陈先生有效地保护了祖国的文物，也捍卫了中国人民的利益。沿途发生的事情均记于他后来的个人日记《西行日记》。

考察团于1925年2月16日离开北京，5月19日到达敦煌，在与县政府接洽的过程中，因为华尔纳第一次的破坏行为已使当地老百姓十分气愤，他们也向王道士责问此事，使得王道士不得不靠装疯卖傻过日子。因此，考察千佛洞的要求被拒绝。经过一番商讨，最后给考察团制定了一系列规定：

1. 考察团成员不准住宿千佛洞；

2. 考察团的成员参观千佛洞要由当地派出人监视，并必须当日返回县城；

3. 不准破坏壁画及其他一切文物。

不仅如此，当地老百姓还组织了一队人专门监视考察团的行动，时时有发

生武力的可能性，在如此严密的监视下，考
察团一行也不得不草草结束考察活动，只活
动了3天便于5月23日离开敦煌。之后又去
了瓜州榆林窟，在那里偷拍了一些照片，
1938年，发表专著《万佛峡——一所9世纪
石窟佛教壁画研究》。当时由于全国各地爆
发了反帝爱国的"五卅"运动，北京大学最
终决定不与哈佛大学合作，并电令陈万里与
考察团决裂，提前返校。陈万里家中也来信
说家中有事要陈赶紧回家，于是陈万里在瓜
州与考察团分手，独自一人赶回北京。美国一
方也考虑到中国国内的形势，电报要求华尔
纳一行结束活动回国，于是华尔纳不得不解
散考察团，中止考察活动，于同年8月返回哈
佛大学。

至此，西方探险者在敦煌的劫宝活动画
上了句号。但此时，藏经洞的大部分文献资
料早已流散于世界各地。

图16-22 华尔纳带走的莫高窟第328窟彩
塑菩萨像

图16-23 华尔纳剥离掉的敦煌莫高窟第323窟 壁画残状

十七、敦煌与20世纪的中国艺术家

◎ 赵声良

从 1900年藏经洞被发现，接着就是外国探险者接踵而来，大量的文物因而流向海外。然而，不可思议的是：从1907年斯坦因、第二年是法国人伯希和劫走大量文物，并广为人知之后近40年时光里，中国的文化人却没有一人前往敦煌去看个究竟（1925年，中国历史学家陈万里随着美国人华尔纳到过敦煌，但那也并不是主动的有目的的调查研究，而仅仅是搭了美国人的便车而去）。到底当初那些大量的文物是如何被发现的？敦煌到底是怎么回事？在40年间，没有一个人肯去关心和了解一下，中国文化界的麻木可见一斑。所以陈寅恪先生叹息道："敦煌者，吾国学术之伤心史也。"国宝流落国外，固然是很伤心的了，但国人之麻木，竟在近40年间未有一个人肯去实地调查，这才真正是学术上的伤心事。

直到1938年以后，才开始有画家去敦煌探险，敦煌再次为世人所关注，首先是一批画家们不辞辛苦到敦煌实地临摹壁画，并介绍给社会，从而引起了越来越多的人注意到敦煌的历史文化价值。

为什么画家会引导这种风气之先呢？这要讲讲当时的中国画坛状况，当五四新文化运动风起云涌之时，中国画坛也在酝酿着一场重大的变革。这时，如何看待中国传统绘画，是许多画家及非画家的文化人极为关注的问题。五四运动带来了一股否定传统的思潮，美术方面也经历了这样一种反思，但是在中国数千年文明的传统中到底哪些是可取的，哪些是要扬弃的，并不是一件简单的事，不同的人会从不同的角度进行思考。中国传统艺术的真髓在哪里？中国现代艺术向哪里发展？民族艺术的精神是什么？这些时代特有的问题无边无际。在艰苦的探索中，一些有识之士终于从西北的敦煌、新疆等地看到了其中蕴藏着的深厚的文化艺术内涵，不论是专学国画的张大千，还是留学欧洲的常书鸿与韩乐然以及王子云、关山月等，他们都殊途同归，走向了西北，从中发现了中国传统艺术的一个广阔的天地。

李丁陇——第一个赴敦煌的画家

从20世纪30年代后期到40年代，一些画家开始陆续到敦煌实地考察、临摹学习。他们不仅通过对古代艺术的学习使自己在绘画艺术上开阔了视野、开辟了新路，而且通过他们举办的一次次敦煌壁画临摹品的展览把远在西北边陲的敦煌艺术介绍给了世人，在中国民众中特别是在美术界产生了极大的影响。

第一个到敦煌临摹壁画的是李丁陇。从此，拉开了中国画家临摹学习敦煌艺术的历史序幕。

李丁陇，祖籍甘肃陇西，生于河南新蔡县，青年时在上海美专师从刘海粟学画。

1938年，李丁陇率一行10人沿着唐玄奘取经的路线西行。到嘉峪关时，因气候恶劣，大部分人都回去了。李丁陇和另一位画家历尽艰辛抵达敦煌。他每天在洞子里临画长达七八个小时，以惊人的毅力坚持了8个月的时间，完成了宏大浩繁的《极乐世界图》临摹草稿和100多张单幅画，还有不计其数的飞天、藻井和佛手图案。1939年8月，李丁陇回到西安，举办了"敦煌石窟艺术展"，在当时引起轰动。特别是其中高2米、长15米的《极乐世界图》巨幅长卷吸引了观众。1941年初，李丁陇又到成都和重庆办了展览，并与张大千相识。正是受其影响，张大千也产生了要去敦煌的打算。1944年，李丁陇第二次赴敦煌，对第一次临摹的画进行了仔细的复核和编号，又临摹了一批新作。1946年和1948年，李丁陇先后在兰州、南京、上海等地举办临摹壁画展，使敦煌艺术得到广泛的传播。李丁陇之后，张大千、王子云、关山月等画家也先后到敦煌临摹壁画，敦煌成了20世纪中国画家心中的圣地。

张大千的敦煌临画

张大千，名爰，四川内江人，自幼即聪明过人，学画临摹古人常常达到乱真的程度，据说他临摹石涛的绘画，使鉴定专家也往往真假难辨。为了探求艺术的真谛，他曾遍游名山大川，广泛结交社会各阶层人物，20世纪30年代，他已名扬海内，在人物画与山水画上达到很高的水平。1941年，他听说敦煌莫高窟有很多古代壁画，便带着儿子张心智，侄儿张彼得，学生肖建初、刘力上等人，离开成都向敦煌进发。他没有料到这里的壁画、彩塑是那样的丰富和精美。对于宋、元、明、清著名画家的真迹，张大千不知见过多少，却从来没有见过这么富丽辉煌、气势雄伟的古代壁画，他被敦煌艺术震惊和陶醉。他感到这些古代壁画是以前从来没有认识到的，是中国古代艺术的重要作品，却未被世人所认识。于是，决定在敦煌作较长时期的临摹和研究。在到达敦煌的初期，他领着弟子们清理窟内的流沙，为洞窟做了编号，并大致分出了洞窟的时代。在敦煌文物研究所编号没有公布之前，张大千的敦煌石窟编号被学术界普遍采用（图 17-1）。

　　1941 年，张大千临摹了第一批壁画临品，就托人带了 20 幅到成都开办"西行记游画展"。这年冬天，张大千在兰州稍事休整，第二年初春时节，他又来到了敦煌。这次，画家谢稚柳也被他动员来了。谢稚柳在临摹壁画的同时，对石窟内容进行了详细的考察，后来写成了《敦煌艺术叙录》。张大千还专门到青海请了当地绘制唐卡的喇嘛来帮助他临摹壁画。实际上，张大千的临摹小组跟古代的画工的工作方法是一样的，由一个老师领头，弟子们分工合作，在关键的线描和色彩上是由张大千主笔，而一些次要的填色工作尽可能让别人去做，所以他能在短时期内临摹出数量较多且画幅较大的临品。比如一些大型的佛像画、经变画等，除了后来的敦煌艺术研究所集体进行的临摹外，别的个人画家在短时期内都是无法完成的。

　　两年多的时间里，张大千及其弟子们克服无数困难，足迹遍及莫高窟、榆林窟，临摹壁画 200 多幅。张大千采用的临摹办法是尽可能地复原壁画的原貌。他根据自己对壁画的考察和推断，按照自己认定的壁画"原貌"来恢复那些绚

图 17-1 1941 年张大千在榆林窟

图 17-2 张大千临摹敦煌壁画《大梵天赴会图》

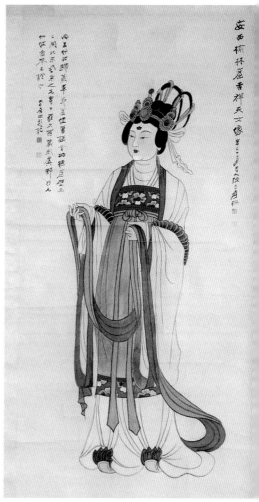

图 17-3 张大千临摹敦煌壁画《吉祥天女》

丽的色彩（图 17-2、图 17-3）。

1944年，"张大千临摹敦煌壁画展"相继在成都、重庆等地展出，在人们眼前展示了一个个清新绚丽、别开生面的艺术境界。这新颖独特的风格使人们既感到亲切，又是那样陌生，它与明清以来的画风截然不同，在这宏大精丽的艺术面前，人们只留下了惊叹。书法家沈尹默先生深有感触，挥毫写道：

三年面壁信堂堂，万里归来鬓带霜，薏苡明珠谁管得，且安笔砚写敦煌。

著名历史学家陈寅恪盛赞张大千的成果，他说：

自敦煌宝藏发现以来，吾国人研究此历劫仅存之国宝者，止局于文籍之考证，至艺术方面，则犹有待。大千先生临摹北朝唐五代之壁画，介绍于世人，使得窥此国宝之一斑，其成绩固已超出前人研究之范围，何况其天才独具，虽是临摹之本，兼有创造之功，实能于吾民族艺术上别创一新境界，其为敦煌学领域中不朽之盛事，更无论矣。

敦煌之行对于张大千的艺术生涯来说是一个重要的转折点，受到敦煌艺术的熏染后，他的画风为之一变，人物画、水墨画进入了一个新的阶段，开始走向顶峰。

王子云及西北考察团

"七七事变"以后，由于日本帝国主义的大举侵略，国民政府迁都重庆。大量的文化人士，包括画家们也纷纷汇集西南。1940年，著名画家王子云向教育部提出了组建"西北艺术文物考察团"赴中国西北考察古文物艺术，并以复制、临绘等手段进行收集保存工作的申请。不久，教育部同意了这一申请，于同年6月正式成立了"西北艺术文物考察团"，王子云任团长（图17-4）。考察团的主要任务是考察四川广元千佛崖石窟，河南洛阳龙门石窟、巩县（现巩义）石窟、渑池石窟、嵩岳寺塔、白马寺雕塑，陕西汉唐帝陵及宗教寺院并建筑雕刻艺术，甘肃敦煌石窟、安西（瓜州）万佛峡石窟，青海佛教寺院等西北古代历史文化胜迹。目的在于"尽量以不同的方式加以采集，或写生，或摄影，或拓，或模铸，务使各种优美之古代珍遗毫无遗憾地呈现在国人目前"。

图17-4 王子云像

1940年12月—1941年2月，考察团考察了古都西安和洛阳龙门石窟；1942年3月，进入甘肃青海一带考察；1942年5月，考察团成员陆续到达敦煌。直到1943年5月，考察团分两个阶段在敦煌进行了近1年时间的考察，参加者有王子云、雷震、邹道龙、卢善群。他们主要做了如下的工作：

图 17-5 王子云绘《敦煌千佛洞全景图》(1)

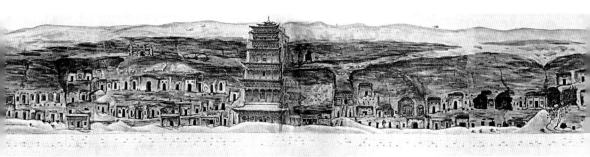

图 17-6 王子云绘《敦煌千佛洞全景图》(2)

1.临摹壁画。最初,张大千也在敦煌临摹壁画。考察团的工作人员采取了跟张大千完全不同的"临旧如旧"的办法,也就是客观临摹,尽量把敦煌壁画的真实面貌保存下来。他们临摹敦煌壁画及写生、速写共130幅。

2.对洞窟进行考古性的记录,拍摄了120张壁画照片。并通过科学的测绘,采用艺术与写实相结合的办法绘成了高24厘米、长达550厘米的敦煌千佛洞全景写生图(图17-5、图17-6)。

3.除了对美术资料进行收集外,还对相关的历史资料进行收集,如对历代供养人题记的记录,另外如第332窟的唐武周李君修佛龛碑(圣历碑)、第148窟的李氏再修功德碑(大历碑)、莫高窟六字真言碑等。

4.注重对周边遗存的调查。他们在一些洞窟中收集到佛经残片,还在敦煌附近的汉代烽燧遗址中发现汉代的竹简、钱币及丝织物残片。

1943年6月,考察团在结束了对敦煌的考察后,又到陕西南部一带考察,直到1944年底最后结束了考察。考察团在敦煌的重要收获还有以教育部艺术文物考察团名义发表于《说文月刊》1942年第三卷第六期的《敦煌莫高窟现存佛窟概况之调查》。

考察团在长达4年的考察期间,曾以各地考察收集的资料以及照片、临摹

品举办过7次展览，其中如1942年底在重庆举办的"第三届全国美展"中，以部分敦煌壁画摹本和其他文物资料参展。1943年1月，在重庆中央图书馆举办"敦煌艺术展览会"，展出敦煌壁画临摹品及西北风物、风景写生300余件（图17-7）。每次展览都以丰富的调查资料以及各地临摹品、拓片、风景写生等吸引着大批的观众。1943年10月，在西安举办的"西北艺术文物展览会"，盛况空前，当时的媒体报道，3天之内参观的"人数逾十万"。可以看出，当时的人们是以何等惊喜之情来看敦煌艺术的。

在敦煌的考察，使王子云认识到像敦煌这样的艺术宝库应该由国家管理起来并作为艺术教育的基地，1942年，王子云向国民政府提出了"设立敦煌艺术学院"的建议。而在王子云等人考察敦煌石窟的前后，由中央研究院西北史地考察团的劳干、石璋如、向达等学者都曾与王子云结

图17-7 西北考察团卢善群临摹的敦煌壁画

伴工作。他们在其后分别发表了有关敦煌石窟研究的重要著作。

关山月、韩乐然等画家在敦煌的临摹

关山月，1912年生于广东阳江，1933年毕业于广州师范本科，1935年入"春睡画院"随岭南派大师高剑父学画，后来成为岭南派第二代传人。擅长山水、花鸟及人物画。

关山月到敦煌莫高窟考察、临摹敦煌壁画，是关山月艺术生涯中最为重要的一次临摹活动。1943年初夏，关山月及夫人李小平与赵望云、张振铎从成

都出发，途中分别在西安、兰州举办"赵、关、张画展"筹集旅费，然后坐车经张掖、酒泉，出嘉峪关再入祁连山，深入到祁连山的藏族和哈萨克族牧区，体察西北少数民族牧民的风俗民情，写生作画。等到了敦煌莫高窟，已近中秋，刚成立的国立敦煌艺术研究所筹备委员会副主任委员常书鸿先生热忱地接待了他们。

在莫高窟考察临摹古代壁画的日子里，关山月历尽了各种艰难，莫高窟是坐西朝东，只有在上午光线比较好，下午就很暗了，因此关山月夫妇，每天早早带着画具进洞窟，靠着妻子手举暗淡的油灯，艰难地进行临摹。关山月这次临摹敦煌壁画共有82幅（图17-8），他一直视为珍宝，先后在成都、重庆、广州、上海、南京等地展览过，现在由深圳关山月美术馆收藏。

关山月在敦煌的临摹，不是客观地表现对象，而是按照他所感受到的敦煌壁画的色彩与韵律来绘的，有人说他是"写"敦煌壁画，他的目的是要找出对敦煌壁画不同时代艺术精神的领悟和把握，这一点对他以后在人物画创作方面产生了重大的影响。特别是他在1947年在南洋写生的许多作品，渗透着敦煌艺术的某些特征。

图17-8 关山月临绘的敦煌壁画

图 17-9 韩乐然临摹的敦煌壁画

　　对于当时的很多艺术家来说，敦煌艺术使他们对中国传统绘画产生了信心，同时对画家们如何改革当时中国绘画的道路，无疑具有很大的启发作用。

　　韩乐然（1898—1947年）是一个独特的画家，在他短暂的生命中，散发着火一般的热量，他是一个为民族为祖国而奋斗的战士，同时又是一个对中国现代绘画做出突出贡献的画家。

　　他1898年出生于吉林省龙井村（今龙井市）的一个朝鲜族家庭，原名光宇，曾用名素功，字乐然。早年在东北地区从事美术教育，并积极参加反日民族运动。1929年秋，韩乐然赴法国勤工俭学。1931年，考入巴黎卢佛尔艺术学院。1937年回国。积极参加抗日统一战线工作；曾被国民党逮捕，苦度3年铁窗生涯，1943年初被营救假释出狱。1943年至1947年，韩乐然两赴敦煌，两赴新疆，临摹敦煌壁画（图17-9），于古高昌国遗址考古，细致考察研究拜城克孜尔佛洞遗迹；于甘肃、青海、新疆作油画、水彩写生；他曾有新疆考古

5年计划，建立西北博物馆之设想，但他没能最后实现其夙愿。1947年7月30日，韩乐然自迪化（今乌鲁木齐）赴兰州途中因飞机失事遇难。

韩乐然可以说是中国研究克孜尔石窟寺艺术之第一人，不仅在洞窟上留下了宝贵的题记，留下了韩氏的编号，还留下了数十件临摹品，这些壁画临摹包括敦煌莫高窟壁画和克孜尔千佛洞壁画，以克孜尔居多，油画、水彩兼有，以油画居多。

据常书鸿回忆，韩乐然于1945年和1946年两次到敦煌写生，常书鸿与韩乐然对敦煌艺术和新疆的壁画相互交谈过，常书鸿看过韩乐然画的水彩画。常书鸿在后来记述道："看着他的画，每一幅都充满了光和色的明快，毫无呆滞和生涩之感。他那纯熟洗练的水彩画技法，已达到了炉火纯青的程度。"当时，常书鸿还请韩乐然为敦煌艺术研究所的同仁们做了一次《克孜尔千佛洞壁画的特点和挖掘经过》的讲演。常书鸿认为韩乐然的工作对敦煌艺术的研究做出了贡献。

美术史家对敦煌艺术的研究与推广

除了很多画家远赴敦煌临摹学习敦煌壁画并介绍到内地外，一些美术史的专家学者们通过实地考察或者通过别人调查的资料，在理论上阐释了敦煌艺术，把敦煌艺术纳入中国美术史的范畴来进行研究，从而充实和丰富了中国美术史。

向达（1900—1966年），曾于1935年到牛津大学图书馆工作，次年转伦敦，在英国博物馆调查斯坦因劫走的敦煌写卷，1937年到德国考察被德国人劫走的中国西部地区壁画和写卷。1938年回国，1942年参加由中央研究院组织的西北史地考察团，任考古组组长。从1942年至1944年开始对河西走廊及敦煌一带进行考察，曾在敦煌住了9个月，对敦煌石窟及周边的阳关、玉门关遗址做了考古调查。这些调查的成果陆续发表在当时的报刊，引起了社会的强烈关注。向达还发表了《论敦煌千佛洞的管理研究以及其他连带的几个问题》《论千佛洞的管理研究》等文章，对敦煌石窟的管理提出了更为具体的设想。这些都促成了国民政府1944年在莫高窟成立敦煌艺术研究所。向达先生虽然没有专门做中国美术史研究，但他从考古学的角度分析研究敦煌石窟艺术，对中国美术史的研究极富有启发性，包括常书鸿在内的早期研究和临摹敦煌壁画的人都深受向达的影响。

史岩（1904—1994年），1924年毕业于上海大学美术系。1944—1945年在敦煌艺术研究所任职，他对敦煌石窟供养人题记做了调查，编著成《敦煌千佛洞概述》《敦煌石窟画像题识》，其后长期在浙江美术学院（现为中国美术学院）从事中国美术史的教学和研究工作，特别注重对中国古代雕塑进行深入的研究，其学术著作主要有《东洋美术史》《古画评三种考订》《中国雕塑史图录》《中国美术全集·隋唐雕塑》《中国美术全集·五代宋雕塑》等。其精深独到的见解，向来为国内外学者推崇。

李浴（1915—　），河南内黄人，1938年毕业于国立艺专，1944年到敦煌艺术研究所工作，对敦煌石窟内容做过深入的调查，完成了《敦煌千佛洞石窟内容》一书。可惜限于当时的条件，未能公开出版。中华人民共和国成立后，李浴长期在鲁迅美术学院从事美术教学工作，并出版了《中国美术史纲》《西洋美术史纲》等重要美术史著作，在中国美术史研究方面产生了重大影响。而他早年对敦煌的调查，积累的丰富资料也在他的著作中表现出来。《中国美术史纲》大量采用了实地调查的石窟艺术等资料，使中国的古代美术在读者的心中有了更直观的印象。

对敦煌艺术有着深入研究的美术史家还有金维诺、王伯敏、谢稚柳、王逊等众多学者，由于他们都撰写了有关中国美术史的著作，又长期从事美术教育工作，敦煌艺术也随着这些众多专家学者的努力而广为人知。

莫
高
窟
史
话

十八、敦煌石窟的保护与研究

◎ 赵声良

在敦煌石窟逐步为世人所认识的同时，一批批仁人志士奔赴敦煌，为保护和研究这一人类文化瑰宝贡献了毕生的精力。今天的敦煌石窟，作为世界人类文化遗产，在保护、研究方面取得了一项又一项的成果，为当今的学术研究、艺术创新、旅游观光等方面提供了重要的资源。敦煌石窟在新的时代走过的历程中，人们不能忘记的是一代又一代的莫高窟人在默默地奉献。常书鸿、段文杰、樊锦诗，代表了从敦煌艺术研究所到今天的敦煌研究院三个重要阶段中，敦煌石窟的保护者和研究者的奋斗历程。

敦煌的守护神——常书鸿

常书鸿，满族，1904年出生于风景秀丽的西子湖畔。1923年，毕业于浙江省立甲种工业学校，并留校任美术教员。为了在绘画艺术上寻求发展，1927年，考上了留法的公费生，到法国里昂中法大学上学。1932年，以油画系第一名的成绩毕业于里昂国立美术学校，并通过里昂油画家赴巴黎学习的公费奖学金考试，进入巴黎高等美术学校，在新古典主义画家、法兰西艺术院院士劳朗斯画室学习（图18-1）。1934年，发起成立"中国艺术家学会"，参加者有常书鸿、王临乙、吕斯百、刘开渠、陈之秀、王子云、余炳烈等20多人。在此期间所绘油画《梳妆》《病妇》《裸女》，静物画《葡萄》等作品多次参加法国国家沙龙展，《沙娜画像》被巴黎近代美术馆收藏（现藏于蓬皮杜艺术文化中心),《裸妇》在1934年里昂春季沙龙展中获得美术家学会的金质奖章并被收藏，现藏于里昂国立美术馆。常书鸿在法国国家

图18-1 在法国留学期间的常书鸿

图 18-2 常书鸿油画《D夫人像》

图 18-3 常书鸿油画《雪朝寒雀》

沙龙展中先后获金质奖章 3 枚、银质奖章 2 枚、荣誉奖 1 枚，并因此成为法国美术家协会会员、法国肖像画家协会会员。他与妻子陈之秀在巴黎专心于美术创作（图 18-2），生活虽不算十分阔绰，但也可说是富足和安逸。不久他们有了一个女儿，取名叫沙娜。

有一次，常书鸿在巴黎街头看到了一本画集，就是伯希和当年在敦煌拍摄的敦煌壁画图集，使他非常震惊的是：这些出自中国西部一个偏僻之地的壁画，是那样的气势恢弘而又严谨精密，而在国内从来没有听说有一个敦煌。卖书的人告诉他，在吉美博物馆还有不少敦煌出土的绢画，他又到吉美博物馆亲眼看见了那些唐宋时代的绢画，于是常书鸿知道了中国曾经有过像敦煌壁画那样色彩绚丽、制作宏伟的艺术。他是学油画的，那个年代，之所以学油画，就是对中国明清以来的文人写意的那种趋于形式化的艺术十分失望，而希望通过西画来改革中国绘画。但在国外时间久了，就会产生一种失落感，因为所见所闻的一切似乎都在表明中国的艺术是落后的。中国艺术的好的传统到底是什么？有没有值得继承的东西？这是作为中国人的画家常书鸿苦苦思索着的问题。而从敦煌艺术中，常书鸿分明看到了中国艺术的光芒，那是失传了千百年的奇异的光芒。他要把这种隋唐以来的绘画精神发扬光大。这时，国民政府教育部的部长给常书鸿写了信，希望他回国来从事美术教育，为国家培养人才。1936年，常书鸿毅然告别了巴黎舒适的生活，踏上了回国之路。然而，这时的中国正是灾难深重之时，常书鸿一回国就开始了颠沛流离的生活。先是任北平艺专的教授，次年"卢沟桥事变"，日本大举侵略中国，常书鸿随校迁往重庆，他积极参加教学工作和艺术创作，画出了一些充满时代痕迹的作品，如《街头幼女》等。1942年，国民政府开始对敦煌石窟进行考察，拟成立敦煌艺术研究所。常书鸿积极参与敦煌艺术研究所的筹备工作，于1943年就率领部分研究人员到敦煌考察，1944年敦煌艺术研究所正式成立，常书鸿任所长。

常书鸿一到敦煌就被敦煌艺术所感染，他越来越感到敦煌是中国传统艺术的一个集中的代表，而这样伟大的艺术还不为人所知，是十分可惜的，他深信敦煌是在艺术上可以大有作为的地方（图18-3、图18-4）。

图18-4 常书鸿油画《修建九层楼》

在欧洲，为了培养艺术人才而在罗马有一个美帝西学院，就是专门选拔一些艺术人才送到那里考察学习，而且实地去感受古希腊罗马艺术以及文艺复兴时期那些艺术巨匠的作品。欧洲近代艺术的中心移向巴黎，但人们依然把文艺复兴时期的艺术中心罗马看作传统艺术的一个发源地，所以去意大利游学，接受那里的艺术熏陶几乎是欧洲优秀艺术家们的必修课。常书鸿就是把敦煌看作中国传统艺术的中心，他所理想的敦煌研究所（最初设想是建立

图18-5 常书鸿与卢善群等人在莫高窟前

"敦煌艺术学院"),就是要建成这样一个中国的美帝西学院:由教育部聘请对敦煌艺术有兴趣的教授或选拔研究生到这里做专题研究。这样,敦煌就成为一个培养艺术人才的基地,凡是要学习和研究中国古代美术的,就可以到这里学习,从这里能了解到中国古代最纯正的艺术。

在敦煌艺术研究所创建之初,现实的困难远远超出了人们的想象,莫高窟位于敦煌城东南25公里的沙漠之中,当时在莫高窟前只有清朝留下的几所破庙(上寺、中寺和下寺),连起码的办公条件和生活条件都不具备,常书鸿和同仁们就是在这样荒芜之地白手起家,创建了一个对中国学术史和艺术史影响极其深远的研究所(图18-5、图18-6)。

常书鸿率领工作人员在石窟外修建了土墙,大部分石窟安装了门,以保护石窟不受人为的破坏。同时,在艰苦的环境中开始了大规模的壁画临摹工作。

临摹的目的,首先是通过临摹而学习掌握古代绘画的技法,进而创作出有时代特色的新艺术。其次是为了给壁画留下副本,同时也便于壁画在外地展出,因为壁画本身是不能移动的,只有通过临摹品把敦煌艺术的形象传达给没有来过敦煌的人们。而在敦煌数年间的实践中,常书鸿先生已经意识到通过临摹品来宣传普及敦煌艺术，以唤起国人的重视，其实是最为重要的事。所以常书鸿花了极大的精力来组织研究人员进行临摹工作。首先是把临摹工作正规化。在研究所成立之前，已有张大千等画家们来敦煌临摹壁画，但张大千的临摹往往是凭自己的经验而改变壁画原来的形象与色彩，带有一定的主观性。常书鸿认为要向世人传达敦煌壁画的真实韵味，必须要客观地临摹。同时，敦煌艺术研究所明确地禁止了两种损害壁画的临摹方法：一种是用透明纸直接按在壁画上勾线，一种是喷湿了壁画，以看清本来不太清楚的壁画。这样，把保护壁画放在第一位。

常书鸿还组织画家们对敦煌壁画艺术中的一些专题做了集中的临摹，形成了以临摹品展示一个相对完整的敦煌艺术的体系（图18-7）。1948年，常书鸿在南京和上海筹办了规模宏大的敦煌艺术展，展出了研究所数年来临摹的敦煌壁画600多幅，向世人展示了敦煌艺术研究所成

图18-6 20世纪40年代的莫高窟外景

图18-7 20世纪40年代常书鸿在敦煌研究所办公室（中寺）

图 18-8 常书鸿在洞窟中临摹

立以来的成果，这次展览在当时引起了强烈的反响（图 18-8）。

中华人民共和国成立后，1951 年，在北京举办了规模较大的敦煌艺术展览，当时的文化部副部长郑振铎对常书鸿率领的敦煌文物研究所的工作人员在极其艰苦的条件下取得的艺术研究成果给予了高度评价。他说："在那里，我们不用花费多少说明，就可以知道敦煌文物研究所的诸位艺术家们和工作人员们如何辛勤、坚忍地在遥远的西陲，埋头苦干了 8 年的光荣经过。我们得感谢他们的努力，使我们能够通过他们的努力，见到古代的劳动人民的艺术家们的那么多的伟大的作品。"

此后，在中华人民共和国成立后的 10 年间，敦煌壁画的临摹品分别在国内 8 个城市和国外 6 个国家的 11 个城市展出，受到了广泛的欢迎，产生了极大的影响。

作为一个画家，常书鸿从来就没有停止过画笔，如他在 20 世纪 30 年代创作的《街头幼女》、40 年代的《四川农民》、50 年代的《哈萨克族姑娘》等都以坚实的油画功底，细腻地表现出人物的个性特征，还有大量的在敦煌等地绘制的风景画、静物画，表现了画家努力探索着油画艺术民族化的表现方法。但是，比起他的油画创作来，常书鸿在敦煌的宏伟事业对中国新美术的发展具有更重要的历史意义，正是敦煌艺术的研究与弘扬，在一定程度上推动着中国现代美术的发展。

段文杰——奋起直追敦煌学

1917年，段文杰出生于四川绵阳。1940年考入国立艺术专科学校国画系（校址在重庆），师从吕凤子、潘天寿、林风眠、陈之佛等先生学习中国画。1944年，先后观看了张大千、王子云等人在重庆举办的"敦煌壁画临摹展"和"西北风情写生展"，产生了到敦煌研究民族传统的意愿。1945年，于国立艺专毕业后，决定到敦煌去从事敦煌艺术的临摹与学习，希望通过学习真正的传统艺术来创作新时代的艺术，于是踏上了前往敦煌的漫漫旅途。经兰州时，恰逢抗战胜利，传来敦煌艺术研究所撤销的消息。他非常失望，正好遇到了从敦煌而来的常书鸿。常书鸿对段文杰的理想非常赞赏，他告诉段文杰，自己就要

图18-9 段文杰在洞窟中临摹

18-10　段文杰临摹的《尸毗王本生》

去重庆向中央政府申请恢复研究所，一旦能够复所，就回兰州邀请段文杰一起去敦煌创业。于是，段文杰就先在兰州等待。

　　1946年9月，段文杰跟随常书鸿来到了莫高窟，开始了敦煌艺术临摹研究和保护工作（图18-9）。重新成立的敦煌艺术研究所，大部分工作人员都是刚从美术学院毕业不久的年轻人。段文杰有过社会工作经验，绘画及研究能力较强，被任命为敦煌艺术研究所考古组代组长，具体负责组织临摹壁画、勘测石窟状况和调查洞窟内容等工作（图18-11、图18-12、图18-13、图18-14、图18-15、图18-16）。

　　段文杰致力于壁画临摹工作，他不断思考和探索古代壁画的艺术成就和表现特色，并身体力行，在临摹实践中，最大限度地表现出古代壁画的精神风貌，取得了很高的成就。在第254窟《尸毗王本生》（图18-10）、第158窟《各族王子举哀图》、榆林窟第25窟《观无量寿经变》、第217窟《大势至菩萨》等临摹品中，充分表现出段文杰先生对各种线描的熟练掌握和自由运用。第130窟《都督夫人礼佛图》是段文杰先生精心绘制的壁画临摹品，此窟建于盛唐，宋代重新敷泥覆盖了盛唐的原画，20世纪40年代表层壁画被揭开，而露出了唐代的原作。但由于剥开表层壁画时，对原壁已形成大面积的损坏，剥开后又长期处于阳光照射下，段文杰等画家们到敦煌时这幅壁画已经变得模糊不清。段先生利用当时还能看到的壁画状况，又根据长期的研究，对比唐代同类壁画的线描、色彩等处理方法，经过反复探索，按唐代应有的原貌进行了复原临摹。这幅壁画表现都督夫人及女儿与侍从共12个人物，主要人物都督夫人高达2米多，表现出雍容的气度和虔诚向佛的表情，衣服色彩绚丽而典雅，略带透明的帔帛显示出衣饰华贵的质感，不论是人物的精神气度还是画面中线描与色彩的表现都十分真实地反映出盛唐壁画风格。如今，第130窟的《都督夫人礼佛图》原壁画已经大部分泯灭，无法看清了。段文杰先生的临摹品便成了认识这幅壁画的依据。

图18-11 20世纪40年代敦煌艺术研究所的专家在从事临摹工作

图18-12 20世纪50年代 霍熙亮、欧阳琳等专家在临摹壁画

1957年"反右运动"开始，段文杰受到政治的冲击，被撤销一切职务，但他仍然坚持敦煌艺术的各种研究工作，并完成多幅壁画的临摹工作。"文革"开始，他又受到批判，被下放至敦煌农村劳动，直到1972年才重新回

图18-13 李其琼在洞窟中临摹

图18-14 1952年敦煌文物研究所职工在莫高窟前合影

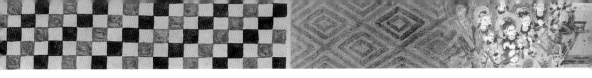

图 18-15 20世纪60年代莫高窟洞窟危崖和加固工程现场

图 18-16 20世纪60年代莫高窟加固工程现场

所工作。1976年"文革"结束后，随着全国改革开放的发展，敦煌研究所也迎来了春天，段文杰和所里广大研究人员撰写了大量的论文，对敦煌石窟的各个方面进行了广泛的研究。1980年，段文杰担任敦煌文物研究所第一副所长，开始主持研究所的各项研究工作。1982年，任敦煌文物研究所所长。1984年，敦煌文物研究所扩建为敦煌研究院，段文杰任院长（图18-17）。

图18-17 段文杰先生

20世纪80年代初，曾有外国学者说："敦煌虽然在中国，但敦煌学在国外。"段文杰听到这样的说法，非常难受，客观地说，这也是当时学术界的现状，由于"十年动乱"，中国的敦煌学研究已经落后于国外了。作为一个中国的学者，段文杰感到自己有责任尽一切力量推动敦煌学的研究，敦煌在中国，中国的敦煌学研究就不应该落后于外国。这时，正是中国改革开放新时代的开始，全国的学术界都很关注敦煌学的发展。段文杰敏感地意识到中国敦煌学研究的新时代到来了，他通过各种努力推动本院的敦煌学研究，特别是在敦煌石窟相关的领域，发挥优势，促进了石窟艺术、石窟考古、敦煌史地等方面的研究，他倡导创办了敦煌文物研究所的学术刊物《敦煌研究》，经过几年的试刊，于1983年正式创刊，1986年成为季刊定期发行，2002年改为双月刊。这份学术刊物现在已成了世界敦煌学研究的必备参考，受到学术界的普遍关注。他除了自己致力于艺术研究，从美术史和美学的角度进行研究，发表了大量的论文外，还不断组织全国性和国际性的敦煌学术研讨会，促进敦煌学的交流与发展，同时也让国内外更多的学者们来了解敦煌，了解敦煌研究院。与此同时，他还率领本院的研究人员到日本、法国、印度、美国等地参加学术交流。在他的主持下，敦煌研究院在短短的10多年时间内，出版了学术著作、石窟艺术图录、艺术鉴赏类丛书数十种，如大型学术著作《中国石窟·敦煌莫高窟》（1-5卷）和《中国石窟·安西榆林窟》由中国文物出版社和日本平凡社合作出版，是20世纪80年代初期敦煌研究院学者们研究成果的集中体现，这套丛书已成为了解敦煌石窟艺术的入门书籍。此后，以段文杰先生为首的敦煌研究院的专家们参与了《中国美术全集》的相关分册的撰著，特别是"中国美术分类全集"中的《敦煌壁画全集》（1-10册），较为系统地整理介绍了敦煌艺术各个时代的壁画艺术。20世纪90年代初，段文杰主编了大型图录性著作《敦煌石窟艺术》（共23册）。之后，又策划并主编《敦煌石窟全集》（共26册），这套丛书是按专题对敦煌石窟艺术的系统研究，是敦煌研究院对石窟艺术各个方面研究成果的一次汇总。这套丛书由香港商务印书馆出版，到2006年全部出齐。

樊锦诗——建设世界一流的文化遗产保护单位

20世纪末，敦煌研究院已走过了50多年的历程，这时，主持研究院工作的接力棒传到了第三代院长樊锦诗的手里。

樊锦诗，1938年出生于上海，1963年毕业于北京大学历史系考古专业。毕业前夕，她和几位同学到敦煌莫高窟实习，从此与敦煌结下了不解之缘。走出北大，她就来到敦煌文物研究所，开始了敦煌石窟考古研究的生涯（图18-18）。那时中国的石窟考古研究刚刚起步，对于刚毕业的她来说，无疑充满了挑战

图18-18 樊锦诗率工作人员在石窟内进行调查

图 18-19 彭金章先生在北区考古工地（20世纪90年代）

性。古老的石窟，悠久的历史中留下的色彩斑斓的壁画、彩塑，由佛像画、故事画、经变画等组成的恢宏的艺术世界，每天都吸引着她，使她忘记了身处沙漠中极端艰苦的环境。以往的考古学主要是以对遗址、墓葬进行发掘为主的研究工作，面对佛教石窟中的壁画彩塑，怎样从考古学的角度进行分析研究，是一个全新的课题，樊锦诗与本所的马世长以及从事绘画的关友惠、刘玉权进行合作，应用考古学的方法和理论，在对石窟进行周密调查的基础上，进行类型分析和分期排年的研究。学术研究有时是极端枯燥乏味的，有时为了一些样式的类型，需要无数次反复的调查、测绘记录和比较分析。当她着迷于考古事业之时，也许并没有想到这将是一生奉献的起点。

　　1967 年，她与相恋已久的大学同学彭金章结了婚，那时彭金章在武汉大学当老师，两个人一南一北，开始了牛郎织女的生活。在那动乱的年代，她与一大批专家一样受冲击，被下放劳动。她无法回到上海或者去武汉生孩子，临产前3天还在地里劳动，孤身一人在敦煌生下了儿子。而孩子出生未满月，她就去上班了。孩子没人带，她只好把儿子反锁在家里，偶尔回宿舍给孩子喂点吃的。那时敦煌跟全国一样，上班无非是无休止的开会、劳动、批斗。她不能照顾好孩子，只好让丈夫从武汉来，把孩子带走。后来有了第二个孩子，又不得不把小儿子寄养在上海的姐姐家。就这样，一家人分居在敦煌、武汉、上海三地。多少岁月的辛酸，多少生活的磨难，都没有阻止她对敦煌研究事业的坚定信念（图18-19）。

"文革"结束后，在改革开放中，敦煌文物研究所的工作恢复了正常化。樊锦诗与马世长、关友惠、刘玉权等专家合作的敦煌莫高窟分期排年研究的成果得以发表。《敦煌莫高窟北朝石窟的分期》《莫高窟隋代石窟分期》及《莫高窟唐代前期洞窟分期》等论文，代表了以樊锦诗为首的研究小组的成果，也代表了中国石窟考古研究的重大成就。正是这样一批研究成果，改变了"敦煌在中国，敦煌学在国外"的局面。

图18-20 樊锦诗院长

1984年，敦煌文物研究所扩建为敦煌研究院，樊锦诗任常务副院长。这时的敦煌研究院下设石窟保护、考古、美术、文献四个研究所和资料中心、编辑部等业务部门，工作人员也增加了不少。1998年，樊锦诗就任敦煌研究院院长（图18-20）。

1987年，敦煌莫高窟成为中国首批列入世界文化遗产项目的单位，敦煌石窟的保护工作开始与世界接轨，进入了一个新的阶段。但是，文化遗产是一个相当复杂的项目，它体量大、占地广、历史悠久、构成也复杂，除了建筑的本体外，还与周边的生活环境相关，牵涉人文与生态等方面的问题。中国虽然有不少文物单位列入了世界文化遗产的清单，但国内目前对如何保护和管理文化遗产还缺乏研究，没有先例可循。樊锦诗始终执著地思考着对敦煌莫高窟这一人类文化遗产的保护问题。曾经有一段时间，国内不少文物点纷纷申报了世界文化遗产，这固然是好事。但一些地方的少数领导片面地强调开发利用文物来增加经济收益，而忽视了文物保护工作。致使一些文化遗产保护工作受到影响。面对这样一种形势，樊锦诗深感忧虑，她深知文化遗产经过了千百年的历史，是十分脆弱的，如果过度地开发利用，追求短期的经济效益，

图18-21 莫高窟第85窟 保护工程现场

付出的将是牺牲遗产本身的代价。针对莫高窟保护的严峻形势，她多方奔走，向国家文物局和甘肃省政府反映莫高窟面临的各种问题，引起了有关部门的高度重视，甘肃省文物局及有关部门根据《文物保护法》的精神，起草了保护莫高窟的法规。终于《甘肃省敦煌莫高窟保护条例》由甘肃省人民代表大会通过，并于2003年3月正式颁布生效。莫高窟有史以来，第一次有了法律的正式保障，这在敦煌石窟保护的历史上具有划时代的意义。从此，敦煌莫高窟的保护有法可依了。

樊锦诗院长从宏观方面以独到的眼光看到了敦煌石窟保护研究的前景，提出了以预防为主，开展多学科综合研究的方针，并努力探索适合莫高窟特色的科学保护方法。她深知在国际化的今天，敦煌石窟的保护工作也必须走国际合作的道路。在她的努力推动下，敦煌研究院从20世纪80年代以来先后与日本、美国、加拿大等国的科研机构进行合作，对敦煌壁画和彩塑的病害进行了深入研究，对石窟的地质结构以及壁画彩塑的制作材料进行了分析，对影响石窟稳定的崖体裂隙进行定时的观测。并对壁画的病害如酥碱、起甲等进行了积极治理，取得了显著成果（图18-21）。

20世纪90年代以后，保护工作由窟内的保护发展到了窟外的大环境，采用工程、化学、植物固沙相结合的综合措施，对风沙进行治理，在莫高窟顶建立了一个长达3300多米的防沙障，栽种了长2000米、宽10米的固沙林带。目前，石窟前的流沙已减少了70%，取得了明显的效果（图18-22）。

在与国外专家合作与交流中，樊锦诗以她的严谨的学风和高度的责任心赢得了国外专家的好评，美国盖蒂研究所的阿根纽先生——为敦煌的保护事业做出过重大贡献的外国专家，一提起樊锦诗院长总是露出十分钦佩的眼神，他认为在跟中国人合作中，与樊锦诗的合作是最愉快的。

在敦煌石窟的保护研究事业快速发展中，樊锦诗敏锐地注意到人才建设的重要性。从1944年敦煌艺术研究所建立以来，敦煌的研究事业经历了几代人前仆后继的奋斗，发展成今天这种欣欣向荣的局面，最根本的原因是有一批献身于敦煌事业的专业人员。尤其是在高科技发展的今天，拥有人才，就意味着拥有竞争力。20世纪80年代以来，通过与国外交流与合作，由敦煌研究院派往日本、加拿大、印度等国进修一年以上的达50多人次，短期培训的有30多人次。这些回国人员，现在大多成为各个领域的骨干。

整天为石窟的保护事业忧心忡忡的樊锦诗，终于发现了应用先进的电脑图像贮存技术，可以记录和保护敦煌石窟的精美艺术，这使她惊喜万分。她知道不论是照片还是录像，都不能长期保存下来，而电脑贮存的信息则是永

图18-22 莫高窟治沙保护工程

久的。于是她积极协调有关部门，申报了"濒危珍贵文物的计算机存贮与再现系统研究"的课题。这项课题的完成，使她意识到计算机贮存资料的目的应该是更好地利用。把贮存的敦煌资料再现出来，更方便查找利用。于是她又组织敦煌研究院与浙江大学合作，申请了国家自然科学基金项目，后来又与美国的梅隆基金会合作，展开了敦煌石窟数字图像的记录、保存与应用的研究，首次将莫高窟艺术通过电脑再现出来，将那些靠肉眼无法看清的图像清楚地展现在人们的眼前。

　　但樊锦诗并没有满足于此，她想：既然能用计算机技术对敦煌图像进行贮存与保护，又可供专家进行研究，那么，对于一般游客的参观来说，不是同样可以从中得到丰富的信息吗？而且，这样一来，还可以避免进入洞窟的游客过多而造成的洞窟病害。于是，一个更宏伟的计划诞生了，这就是建立"敦煌莫高窟游客服务中心"的设想。经过数年的调查研究，掌握了莫高窟在游客进入洞窟后引起空气变化的一系列数据；同时，对电脑贮存与展示莫高窟艺术的技术等方面的深入研究，在会同相关学科专家的反复论证后，她同25位政协委员一道正式向全国政协提出了《关于建设敦煌莫高窟游客服务中心的建议案》（1412号提案）。这项提案受到全国政协十届会议的高度重视，被列为全国政协的重点提案。这一提案的设想对中国文物保护工作来说具有开创性，它为文化遗产的保护与开发提供了一个新型的模式。全国政协提案委员会的联合调研小组到敦煌研究院进行调研以后认为："建设敦煌莫高窟游客服务中心的设想从中国的国情出发，借鉴了国外的保护和开发文化遗产的先进经验，不仅是从根本上解决敦煌莫高窟保护与开放的矛盾的有效措施，而且对于全国类似的问题具有先导和示范作用。可以说利在当代，功在千秋。"

　　曾在2002年荣获国家四部委授予"全国杰出专业技术人才"光荣称号的樊锦诗，终于开创出一条适合中国实际的文化遗产保护之路。虽然前面的道路仍很艰巨，但莫高窟未来的蓝图已在她的眼前展开。

　　（说明：本书图片主要由敦煌研究院数字中心提供，摄影者为：吴健、孙志军、宋利良、张伟文、乔兆福、余生吉。另有部分图片为赵声良提供。）

莫高窟前游客参观盛况（近年）

参考书目

《中国石窟·敦煌莫高窟》（第1-5卷），文物出版社，1981-1987年。

樊锦诗：《敦煌石窟全集·佛传故事画卷》，商务印书馆，2002年。

关友惠：《敦煌石窟全集·图案画卷》，商务印书馆。

宿白：《中国石窟寺院研究》，文物出版社。

赵声良：《敦煌艺术十讲》，上海古籍出版社，2007年。

格子编著：《隋炀帝传》，内蒙古人民出版社，2004年。

丝绸之路考察队编著：《丝路访古》，甘肃人民出版社，1982年。

季羡林等校注：《大唐西域记校注》，中华书局，2000年。

钱文忠：《玄奘西游记》，上海书店出版社，2007年。

段文杰：《敦煌石窟艺术研究》，甘肃人民出版社，2007年。

季羡林：《佛教十五题》，中华书局，2007年。

史苇湘：《敦煌历史与莫高窟艺术》，甘肃教育出版社，2002年。

施萍婷：《敦煌习学集》，甘肃民族出版社，2004年。

慧立、彦悰著，孙毓棠、谢方点校：《大慈恩寺三藏法师传》，中华书局，2004年。

图书在版编目（CIP）数据

莫高窟史话/樊锦诗主编.—南京：江苏凤凰美术出版社，
2009.1（2023.8重印）
（丝绸之路与敦煌文化丛书）
ISBN 978-7-5344-2668-1

Ⅰ.莫…　Ⅱ.樊…　Ⅲ.敦煌石窟—史料　Ⅳ.K879.21

中国版本图书馆CIP数据核字（2008）第196199号

责任编辑　毛晓剑
　　　　　郭　渊
装帧设计　毛晓剑
责任校对　吕猛进
责任监印　生　嫄
责任设计编辑　龚　婷

书　　名　莫高窟史话
主　　编　樊锦诗
出版发行　江苏凤凰美术出版社（南京湖南路1号　邮编 210009）
制　　版　南京新华丰制版有限公司
印　　刷　合肥精艺印刷有限公司
开　　本　718mm × 1000mm　1/16
印　　张　13
版　　次　2009年1月第1版　2023年8月第15次印刷
标准书号　ISBN 978-7-5344-2668-1
定　　价　58.00元

营销部电话　025-68155675　营销部地址　南京市湖南路1号
江苏凤凰美术出版社图书凡印装错误可向承印厂调换